SERIE
MANUALI D'ISPIRAZIONE
LIBRO 2

Lorenzo Sbrinci. *Viaggi Infiniti. La Sconfinata Esplorazione dei Desideri.*

© 2024 Lorenzo Sbrinci & Elena Puntaroli in arte Helen Star

ISBN: 979-12-81604-84-1 Softcover

Prodotto da Cascate di Luce - Rainbow Light School

www.cascatediluce.com

Progetto grafico e illustrazioni: Lorenzo Sbrinci

Revisione: Helen Star

In copertina: Mongolfiera in volo dell'autore

Prima edizione: Settembre 2024

Tutti i diritti riservati – *All rights reserved*

Lorenzo Sbrinci

VIAGGI INFINITI

*La Sconfinata Esplorazione
dei Desideri*

SERIE
MANUALI D'ISPIRAZIONE
LIBRO 2

RAINBOW LIGHT SCHOOL

PREFAZIONE DELL'AUTORE

Il mio viaggio di evoluzione mi ha portato a nuove scoperte ed esperienze attraverso le quali sono entrato ancora più in contatto con l'Ispirazione dal punto di vista spirituale, ricevendo non solo idee, ma anche impulsi da ascoltare e seguire. Ciò si traduce in un vero e proprio collegamento con l'Anima o Luce Interiore, in grado di fornire una valida Guida lungo gli itinerari dell'Esistenza.

Se desideri avere una panoramica delle dinamiche vissute nelle mie varie esperienze di vita, ti invito a leggere la serie di libri autobiografici *I Viaggi di Lorenzo*, dove puoi trovare molte correlazioni con la serie *Manuali d'Ispirazione* come questo libro.

Nel volume precedente *Ispirazione, la Via Illuminata per far Volare i Desideri* ho trattato molto il tema del desiderio favorendo un percorso interiore per contattare meglio se stessi ed iniziare un dialogo interiore fra sé e le proprie aspirazioni, cominciando ad enunciare la relazione con l'Energia Pura e Positiva.

Viaggi Infiniti é la naturale evoluzione della precedente opera *Ispirazione*, in cui tratto più approfonditamente i Meccanismi Universali, Energia e Vibrazioni, per capire come funzionano e poter entrare ancora meglio nel Flusso Creativo.

La metafora utilizzata in questo libro è sempre la Mongolfiera, che tra l'altro si ritrova anche nella collana di libri per bambini *I Viaggi di Palloncino*, creata insieme a mia moglie Helen per raccontare anche ai bambini le Infinite Possibilità di cui siamo dotati. É una serie straordinaria che ha per protagonista una piccola mongolfiera e i suoi

PallaAmici, PallaGenitori, PallaZii, PallaNonni e altri PallaPersonaggi tra cui PallaArcobaleno, PallaSciamani e PallaAborigeni, per citarne alcuni.

Questo libro-manuale può così diventare una fonte d'ispirazione per i genitori che si trovano a leggere ai loro figli la collana illustrata *I Viaggi di Palloncino*. Tra l'altro non è l'unica fonte di apprendimento visto che Helen ed io abbiamo scritto altre opere, tutte dedicate ad illuminare e colorare l'esistenza e per questo abbiamo definito la nostra visione con il nome *Rainbow Light School*, per portare a diversi livelli quella chiarezza necessaria a far risplendere ogni esperienza di vita come un arcobaleno, trasformando le difficoltà in possibilità.

Ti auguro buona lettura e una buona navigazione a bordo della tua Mongolfiera!

Lorenzo Sbrinci

INTRODUZIONE DELL'AUTORE

Questo manuale può rientrare nella categoria di volumi considerati libri per la Crescita Personale, poiché fornisce concetti e processi sul miglioramento del proprio Essere, ma può far parte anche del genere dei libri sulla Spiritualità, poiché tocca gli argomenti riservati allo Spirito, inteso come parte Divina o Energetica.

Pur trattandosi di un manuale, quindi un testo pratico su cui esercitarsi corredato da illustrazioni, ha con sé una prerogativa importante, che é data dal concetto che si basa sul *Ricordare.*

Ricordare non solo l'essenza delle teorie descritte in questo volume, ma soprattutto far riaffiorare in te la memoria di *Quello Che Sei Veramente*: un Viaggiatore Intenzionale della propria Esperienza di Vita.

É quello che é avvenuto e continua ad avvenire anche a me: ricordare da dove provengo e la relazione che ho con la Sorgente di Energia Pura e Positiva o la Forza di Dio potrei dire. Ognuno può usare termini che più gli si confanno, di sicuro siamo molto più di quello che gli occhi fisici riescono a cogliere: Anime Luminose in grado di illuminare il nostro cammino e quello altrui.

Desidero anche dirti che viviamo in tempi straordinari di grande risveglio e questo libro, come tanti altri del suo genere, propone ciò che serve a ricordare la meravigliosa natura dell'essere umano: qualcosa che abbiamo atteso a lungo a quanto pare e quindi consiglio di prendersi il tempo necessario per far risorgere questa conoscenza interiore.

Inoltre, dato che propongo la mia esperienza personale, ho potuto constatare più volte come il Viaggio di

Evoluzione verso i propri Desideri sia composto da tante fasi e molte manifestazioni, che talvolta potremo non aspettarci o che credevamo si presentassero in maniera del tutto diversa. É importante comunque ricordare che ci portano sempre verso le destinazioni desiderate.

Ad esempio, quando avevo vent'anni il mo desiderio era quello di fare il cuoco nel ristorante di famiglia e per realizzare questo sogno avevo anche studiato e compiuto delle significative esperienze lavorative, per aiutarmi ad avere più conoscenza in quel campo. Ma una volta giunto nell'attività di famiglia qualcosa cambiò drasticamente dentro di me e questo mi portò ad un radicale cambiamento di vita. Ancora non sapevo che avevo un altro desiderio ben più grande del precedente, a cui avevo iniziato a rispondere, all'inizio senza capirne bene tutti i dettagli.

Con il tempo, ho potuto mettere a fuoco tantissimi aspetti e vivere esperienze meravigliose quanto intense, dove anche quella prima aspirazione di fare il cuoco - a cui se n'é unita una ancora più specifica di pasticcere - ha potuto esprimersi a servizio di un'evoluzione che mi vede a scrivere queste parole, il mio desiderio più grande di Insegnante e Comunicatore.

Il bello é stato e continua ad essere il Flusso dell'Energia Pura e Positiva che ispira dentro di me la nascita di idee, offre impulsi per prendere azioni ispirate, organizza esperienze in luoghi splendidi con sincronicità che lasciano spesso a bocca a aperta e modalità che mi aspetto sempre essere sorprendenti e significative, anche quando si presentano momenti difficili.

Un caro abbraccio,
Lorenzo

VIAGGI INFINITI

Alla Straordinaria Natura
dell'Essere Umano
e all'Energia Pura e Positiva
da cui proviene

DIALOGO INIZIALE

– Dove stai andando con quella mongolfiera? —
— Verso il futuro! —
— E sai come fare? —
— Sto imparando ad usare le Basi di Volo. —
— Basi di Volo, cosa sono? —
—Teorie Universali per impiegare al meglio
le proprie risorse e possibilità. —
— Possibilità che hai tu? —
— Possibilità che hanno tutti… —

1 - DALLA MONGOLFIERA ALL'UNIONE

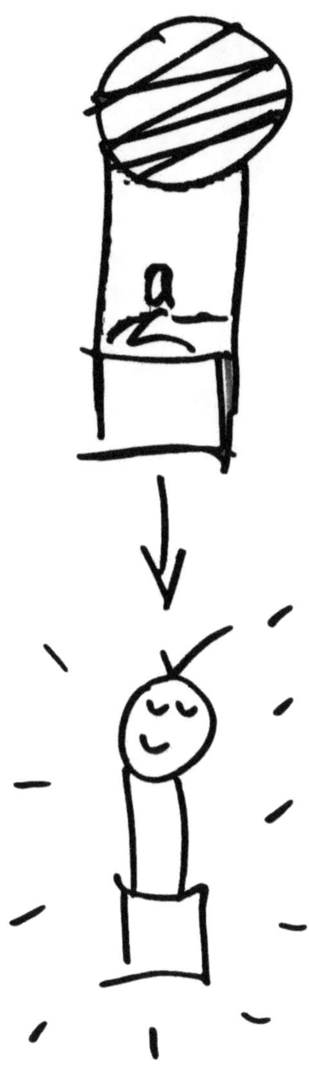

LA CONNESSIONE CON L'ENERGIA PURA E POSITIVA

Attraverso il primo libro *Ispirazione, la Via Illuminata per far Volare i Desideri*, ho esortato a scoprire le proprie risorse interiori: le emozioni di cui siamo costituiti.

Consigliando di costruire virtualmente la propria mongolfiera, assemblandone i componenti rinominati con aspetti emotivi, ho invitato a identificare e sviluppare la propria Ispirazione - indicandola come la possibilità di connetterci a quello che teniamo di più - in grado di rendere grande e significativa l'esperienza di vita o di viaggio, per dirla con la terminologia della mongolfiera.

Si perché in fondo l'esistenza, se la immaginiamo come un viaggio per espanderci e permetterci di scoprire nuovi luoghi di gioia, diventa un'esperienza straordinaria.

Come ho scritto nella premessa del libro *Ispirazione*:

> *"Quando ci allineiamo con i nostri desideri,*
> *una luce d'amore si sprigiona dentro di noi,*
> *illuminando la via da seguire."*

Se nel libro-manuale *Ispirazione* potevi sentirti come colui o colei che saliva a bordo della mongolfiera per volare verso i desideri del cuore, adesso ti invito a percepirti un tutt'uno con Lei.

L'Ispirazione è la parte più pura di noi e quando ci diamo la possibilità di viverla ci sentiamo bene. Lei è in noi e noi siamo in lei e quando ci sposteremo con la mongolfiera sarà il nostro animo a farlo.

Essa ci fa capire che siamo un tutt'uno con un'essenza di gioia, che è la caratteristica principale dell'Energia Pura e Positiva che collabora con noi.

UN'IDENTITÀ STRAORDINARIA

Dicendo che l'Ispirazione è la parte più pura di noi e che l'Ispirazione siamo noi, deduciamo che anche noi siamo puri. Siamo creature stupende, incredibili mongolfiere fatte della stessa sostanza dell'Energia Pura e Positiva che ci sospinge in volo. E' questa parte che rende possibile il nostro volare e se riconosciamo questa possibilità tutto ci apparirà più semplice e meraviglioso.

Quando ci definiamo come esseri solamente *terreni*, finiamo per precluderci delle possibilità che comunque abbiamo tutti, nessuno escluso.

UNA LUCE DENTRO DI NOI

Quando proviamo emozioni positive qualcosa brilla dentro di noi e questa scintilla ci fa capire che siamo in allineamento con l'Energia Pura e Positiva, perché siamo fatti della sua stessa essenza. La gioia che si sprigiona in noi è l'Energia Pura e Positiva, che possiamo anche definire *Fonte di Luce Infinita*, che si esprime attraverso di noi fluendo per mezzo delle emozioni positive.

In qualità di esseri umani ci percepiamo come esseri fisici in un mondo fisico, ma che ce ne rendiamo conto o no siamo anche molto altro. Siamo un'estensione dell'Energia Pura e Positiva concentrata nei nostri corpi e in virtù di questo possiamo creare proprio come fa Lei.

Ogni volta che realizziamo un desiderio la nostra *Luce Interiore*, quella parte costituita di Energia Pura e Positiva, si espande, un po' come se la mongolfiera in volo scoprisse luoghi ancora inesplorati ed allargasse il suo panorama, ecco perché parlo di esplorazione sconfinata, poiché non esistono confini.

Come l'Energia Pura e Positiva, siamo Luminosi ed Eterni.

UN'ESPLORAZIONE SCONFINATA

Quando ci sentiamo aderenti alla nostra Ispirazione e procediamo sentendo di realizzare ciò che vogliamo, ci sentiamo bene perché stiamo realizzando lo scopo della nostra vita, ossia quello di scoprire nuove vie per vivere la gioia e soprattutto perché siamo in allineamento con l'Energia Pura e Positiva, che possiamo anche chiamare con il termine *Fonte Inesauribile di Benessere*, poiché risponde sempre a tutto ciò che chiediamo, accordandoci ogni richiesta.

Il suo sistema non è concepito per negare qualcosa, è un principio di vita e di espansione e quando viviamo i nostri desideri essi fanno espandere sia noi che l'Universo.

Cos'è che può farci ritenere dall'espanderci? Forse la voglia di restarsene dove siamo o forse perché abbiamo il timore di farlo.

Sebbene entrambe le asserzioni contengano un nostro desiderio di rimanere in un certo luogo, il pensare che esista la possibilità di poter dirigere la propria mongolfiera dove vogliamo, forse potrebbe far scattare in noi una nuova concezione di trasporto e guardare alla possibilità di volare, ossia creare i viaggi come desideriamo, come a qualcosa non poi tanto distante da noi.

UN TUTT'UNO CON LA NOSTRA ESSENZA

Quando ci diamo la possibilità di vivere la nostra vera natura ci sentiamo liberi e felici, perché rammentiamo che la libertà è alla base della nostra esistenza e che lo sappiamo o no, stiamo attingendo al potere dell'Energia Pura e Positiva. La libertà è assenza di emozioni negative e quando qualcosa ci fa sentire bene ricordiamo di avere infinite possibilità. Infatti un'espressione comune di qualcuno a cui le cose stanno andando bene è: *Va tutto alla grande!*
Questa ricchezza di emozioni fa capire che siamo un tutt'uno con la nostra essenza d'amore, gioia e libertà.

E QUANDO LA VIA SI FA BUIA?

In qualità di estensioni dell'Energia Pura e Positiva possiamo attingere alla ricchezza interiore costituita dalle nostre emozioni positive.

Quando ci sentiamo bene tutto si fa luminoso, perché rammentiamo di provenire da una *Fonte Inesauribile di Luce e Benessere* e sentiamo che abbiamo con noi grandi risorse.

Quando non ci sentiamo bene e proviamo emozioni negative, invece, la via sembra farsi buia, ma non è che stiamo andando verso una Fonte di Oscurità, poiché non esiste.

La Fonte di Luce è l'unica Fonte che esiste.

Quando siamo in presenza di emozioni negative, allora qualcosa comincia ad apparirci sotto un'altra luce, ossia la luminosità dentro e fuori di noi sembra diminuire o addirittura scomparire.

Così possiamo comprendere che non siamo più tanto nella nostra luce, ma che ci stiamo separando dalla nostra essenza luminosa.

I nostri pensieri negativi, riguardo ad una circostanza, cominciano a farci sentire poco bene ed il percorso che stiamo attraversando comincia a divenire difficile e poco chiaro, perché ci stiamo allontanando dalla nostra Luce Interiore.

SINTONIZZARCI CON LA FREQUENZA AL CENTRO DEL NOSTRO ESSERE

Non riuscendo a guardare più il mondo con gli occhi della Fonte di Luce, non riusciamo a percepirci come gli straordinari *Esseri di Luce* che siamo.

Prima di venire in questa esperienza fisica spazio-temporale, sapevano benissimo chi eravamo e a quali risorse meravigliose potevamo attingere: sapevamo di avere la possibilità di creare la vita che volevamo.

I pensieri e le emozioni che non fanno sentire bene ci allontanano dall'essenza dell'Energia Pura e Positiva, mentre i pensieri e le emozioni positive ci riportano verso la sua Luce.

"Producendo pensieri migliori
ci sintonizziamo con la frequenza
al centro del nostro Essere."

SEGNALI CAPTATI

Tutto i viaggi che abbiamo compiuto, li abbiamo realizzati grazie ai nostri pensieri. Essi ci hanno trasportato verso le situazioni a loro corrispondenti. Pur senza rendercene conto, abbiamo diretto la nostra mongolfiera lì, come se avessimo fornito noi le coordinate. L'Energia Pura e Positiva, che desidera aiutarci a realizzare i nostri desideri, riceve le informazioni mediante i nostri pensieri, che simili ad onde radio captate da una Torre di Controllo, divengono segnali precisi, decifrati e trasmessi all'Energia Pura e Positiva, che dispone il necessario per creare il tragitto del nostro viaggio e tutto quello che gli concerne.

IN QUALE MODO RIUSCIAMO A COMUNICARE CON L'ENERGIA PURA E POSITIVA?

Lo scambio di informazioni si basa su un sistema di linguaggio comune sia al Mondo Non Fisico dell'Energia Pura e Positiva sia al Mondo Fisico.
Nel Mondo Non fisico dal quale proveniamo, al posto delle parole per comunicare o le orecchie per udire, vengono utilizzate le *vibrazioni*.

Questo avviene anche nel nostro Mondo Fisico, anche noi trasmettiamo e riceviamo informazioni attraverso le vibrazioni, solo che queste vengono tradotte dai nostri sensi fisici.

Questo fa si che il nostro udito traduca le vibrazioni che apprendiamo tramite il suono, percepiamo le vibrazioni degli odori che sono tradotte dal nostro olfatto, le vibrazioni della materia attraverso la traduzione del nostro tatto e così per gli altri sensi come il gusto e la vista.
Tutto è vibrazione.

Ma i traduttori più raffinati sono di gran lunga le nostre emozioni, poiché esse ci dicono come ci sentiamo, esse sono la risorsa in grado di fornirci l'indicazione su ciò che ci accade.

2 - DALLA CONFUSIONE AL VIAGGIO INTENZIONALE

BASI DI VOLO - LE TRE TEORIE UNIVERSALI

Per impiegare al meglio le nostre possibilità e far si che il proprio Viaggio divenga affine ai nostri desideri, vediamo insieme le Tre Teorie Universali, autentiche Basi di Volo per aiutarci a divenire Viaggiatori Intenzionali, che consapevolmente scelgono le proprie traiettorie.

**1. LA TEORIA
   DELL'INCONTRO**

**2. IL PRINCIPIO
   DEL VIAGGIATORE
   INTENZIONALE**

**3. ABILITÀ A LASCIAR
   FLUIRE**

1. TEORIA DELL'INCONTRO

L'Energia Pura e Positiva ascolta e accorda ogni richiesta e per far questo si serve come di una Torre di Controllo per raccogliere le informazioni, gestire le coordinate ed organizzare i voli. Per svolgere al meglio il suo compito di gestione delle coordinate, la Torre di Controllo si serve della incontrovertibile ed universale *Legge dell'Attrazione*, come viene citata dagli Insegnamenti di Abraham, che io qui definisco *Teoria dell'Incontro*, la prima delle Teorie Universali, la quale dice:

"Ciò che è simile si incontra."

Essa riceve e seleziona i messaggi vibrazionali che gli arrivano e poi li smista in base alle richieste, avendo cura di far incontrare quelli tra loro simili e tenere distanti o separati quelli dissimili.

In base alla Teoria dell'Incontro, l'Energia Pura e Positiva crea un *Movimento di Attrazione*, che dirige la nostra mongolfiera verso i luoghi da noi evocati e al tempo stesso attrae i luoghi verso di noi, come dire:

"Quando ci dirigiamo verso i nostri desideri,
essi ci vengono incontro."

2. PRINCIPIO DEL VIAGGIATORE INTENZIONALE

Talvolta può essere accaduto di ritrovarci in luoghi che non amavamo. Questo può essere avvenuto per due motivi: abbiamo volato a caso o, pur credendo di muoverci verso il luogo desiderato, ci siamo diretti, quindi abbiamo attratto, il suo esatto opposto o quasi.

I voli della mongolfiera sono i nostri desideri ed essi sono anche le nostre creazioni.

Dato che tutto è energia in movimento e noi siamo *Esseri Vibrazionali*, noi programmiamo, di conseguenza creiamo, attraverso l'emissione di *segnali vibrazionali*.

I nostri pensieri creano di continuo la nostra realtà, perciò è importante che lo riusciamo a fare in maniera intenzionale.

Imparando il *Principio del Viaggiatore Intenzionale* possiamo diventare dei veri e propri Viaggiatori Intenzionali, che scelgono le proprie rotte intenzionalmente.

Il Principio del Viaggiatore Intenzionale è la seconda Teoria Universale e dice:

"Ciò cui si pensa, diviene realtà."

Tra la formulazione dei nostri desideri e la loro avvenuta manifestazione intercorre un magnifico *lasso di tempo*, il quale ci aiuta ad affinare le nostre creazioni, quindi non c'é necessità di preoccuparci per tutto ciò cui si pensa.

Possiamo invece ricordare che siamo Viaggiatori Intenzionali e focalizzarci deliberatamente su ciò cui abbiamo più a cuore raffinandone l'*offerta vibrazionale* per nutrire dentro di noi una risonanza, che oltre a portarci verso i nostri desideri, ci farà sentire bene.

SU QUALE PENSIERO MI SOFFERMO?

L'attenzione dedicata a particolari pensieri ne rafforza la potenza vibrazionale e per la Teoria dell'Incontro le possibilità di incontrare gli oggetti dei nostri pensieri aumentano.

Se una mongolfiera in volo che si ritrovasse ad andare contro una montagna si chiedesse:

— Come mai questo ostacolo si trova sulla mia traiettoria?– Potremmo chiederle:

— A cosa hai pensato di frequente? —

I nostri pensieri sono i segnali vibrazionali a cui, per la Teoria dell'Incontro, l'Energia Pura e Positiva risponde sempre e prima o poi ci porta l'essenza di ciò cui abbiamo pensato.

Per quella mongolfiera quindi non si è trattato di sfortuna, ma di una logica conseguenza per aver dato attenzione a ciò che non desiderava.

Dicendo *Non desidero andare contro le montagne!* stiamo offrendo un segnale ben preciso, poiché l'Energia Pura e Positiva ci aiuta a realizzare i nostri desideri, nessuno escluso.

Essa basa la sua impostazione sul concetto di inclusione e legge il nostro segnale come un'affermazione positiva, offrendo la traiettoria per quel luogo.

E' come se avessimo detto:

"Cosa che non desidero, vieni a me! Voglio recarmi là."

Quando abbiamo pensieri del tipo *Non desidero andare in quel luogo* stiamo provando delle emozioni che non ci fanno sentire bene, e se perduriamo nel pensarle, ciò influirà in maniera inequivocabile sul messaggio che la Torre di Controllo recepirà, quindi sull'esito del volo.

Ma può darsi anche che la mongolfiera dell'esempio citato, non conoscendo le sue preferenze, abbia finito per volare a caso.

Volando a caso possiamo farci trasportare da traiettorie esterne, nelle quali finiamo senza renderci conto dell'importanza di ciò che pensiamo, diciamo e sentiamo. In altre parole, creiamo secondo le rotte di altre mongolfiere, arrivando in luoghi che non ci appartengono.

CAMBI DI ROTTA

In casi come quello citato prima, dove la mongolfiera sta per incontrare la montagna, che equivale a dire che l'essenza dei nostri pensieri si è già materializzata davanti a noi, l'affidarci alle nostre abilità di volo è la sola risorsa che abbiamo.

La montagna rappresenta un ostacolo o un pericolo, come a dire qualsiasi cosa che non ci fa piacere e non desideriamo, che per i motivi descritti prima stiamo inequivocabilmente incontrando.

Ma se l'evidenza di ciò che stiamo creando non si è ancora manifestata, come a dire che la montagna è ancora distante, pur avendo creato un moto di attrazione verso di lei, non dobbiamo per forza sbatterci contro. Abbiamo la possibilità di correggere le coordinate del nostro volo producendo pensieri migliori, che ci fanno sentire bene.

LE EMOZIONI CI FANNO DA GUIDA

Ascoltando le nostre emozioni e capendo ciò che ci stanno dicendo, saremo in grado di aggiustare la rotta ed evitare collisioni con qualcosa di indesiderato.

Capire *cosa non vogliamo* è molto importante,
perché ci aiuta ad individuare *cosa vogliamo*.

Se dunque non desidero andare in un dato luogo, ma in un altro ben preciso, allora ciò a cui dovrò pensare sarà:

"Desidero recarmi in quel luogo,
quel luogo che amo tanto
e dove sento di essere felice."

Il segnale che emetteremo sarà di tutt'altra natura e ci farà sentire anche meglio, certi che ci arriveremo.
La base della nostra esistenza è la libertà e il suo scopo é la gioia. La libertà consiste nella possibilità della scelta di traiettoria.
Conoscendo le *Basi di Volo* possiamo imparare a divenire *Viaggiatori Intenzionali*.

"Dirigendo i nostri pensieri
dirigeremo la nostra mongolfiera dove vogliamo."

Comprendendo che abbiamo sempre la possibilità di scegliere dove andare, sappiamo che non esiste una situazione che non possiamo cambiare o qualcosa che ci è stato imposto dall'esterno, ma è tutto determinato dalle scelte che facciamo durante il corso della vita o del viaggio.

Sapere di poter scegliere aiuta a definire i nostri gusti

riguardo alle esperienze che vogliamo fare e dato che il nostro viaggio è una continua scoperta evolutiva, possiamo comprendere chi siamo e cosa stiamo divenendo, sperimentando la piacevole sensazione di sentirsi dei *Viaggiatori Intenzionali* che, di volta in volta, affinano le loro preferenze in base a ciò che incontrano durante il tragitto.

*"Le nostre emozioni sono il risultato
del modo in cui pensiamo."*

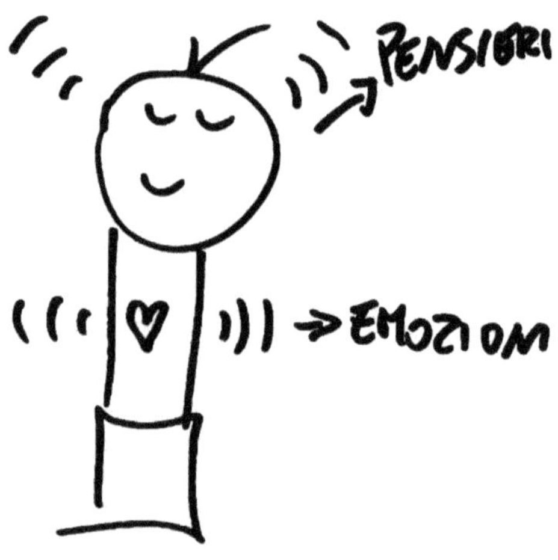

Quando formuliamo un certo pensiero, l'emozione che ne consegue ci fa capire se é qualcosa che ci fa sentire bene oppure no.
Imparando a dirigere il pensiero là dove vogliamo, ciò equivarrà a dirigere la nostra mongolfiera, quindi la nostra vita, verso ciò che preferiamo, poiché i nostri pensieri sono vibrazioni.

3. ABILITÀ A LASCIAR FLUIRE

É la terza Teoria Universale e si tratta essenzialmente di riuscire a dare libertà sia a se stessi che agli altri. Non riuscendo a permettere questo, si impedisce al Flusso della Corrente dell'Energia Pura e Positiva, che io qui denomino *Corrente di Vento*, di fluire liberamente nei Cieli della propria Esperienza.

Far fluire equivale a lasciarsi trasportare, _permettendo_ a se stessi e agli altri di farlo come vogliono. Così facendo daremo e acquisiremo libertà.

Per aiutarci a migliorare questa abilità possiamo dire:

Ognuno é libero, ognuno ha il suo viaggio e va bene così.

Praticare l'astensione dal giudizio, che non vuole dire non avere più un'opinione, la quale é chiaramente bene esprimere per capire chi si é, riguarda bensì quel pensare che non fa sentire bene. In genere si manifesta con accezioni negative verso se stessi o gli altri, quando si crede che una data possibilità ci venga negata.

Possiamo renderci conto della differenza tra giudizio e opinione, poiché nel primo caso l'emozione che si prova non fa sentire bene, mentre nel secondo la sensazione che riceviamo sarà di benessere.

Questo é possibile poiché in qualità di Esseri di Luce, estensioni di un'Energia Pura e Positiva, la caratteristica di tale discernimento é insita in noi.

UN UTILE CONTRASTO

Quando esprimiamo giudizi su qualcosa o qualcuno che non ci piace e non vogliamo, di fatto introduciamo le loro vibrazioni nella nostra esperienza di vita. É come se chiamassimo l'essenza di quello cui diamo attenzione, che prima o poi si manifesterà in qualche forma nella nostra esistenza.

É importante riconoscere ciò che non ci piace e non vogliamo, talvolta può riguardare aspetti che decisamente creano un contrasto nella nostra vita, tale da farci scontrare con quello cui ci imbattiamo. Ciò può riguardare relazioni o esperienze, qualcosa che prima era in un modo e poi lo abbiamo visto cambiare, magari deteriorarsi.

Ricordandoci che siamo Esseri Perfetti ma in continua Evoluzione, possiamo iniziare a vedere tutto ciò che ci capita come il riflesso di ciò che vogliamo o non vogliamo. Inoltre, non solo noi siamo in cambiamento, ma anche gli altri, le cose e la vita lo sono.

Quel qualcosa che non ci piace e non vogliamo che entri nella nostra esperienza o addirittura non ci fa sentire bene, perché non avremmo voluto fosse entrato nella nostra linea di volo - per tornare ai termini della mongolfiera - é da considerarsi utile.

Anche se sulle prime battute ci procurerà un po' di fastidio e non avremmo voluto arrivare a scontrarci con questa situazione, ci sta comunque mostrando l'evidenza di una nostra preferenza che, se messa in correlazione al modo in cui abbiamo pensato, ci aiuta a renderci conto che siamo stati noi stessi ad attrarla, quindi ad andarle incontro o a fare in modo che quel qualcosa venisse a noi.

Se si tratta di qualcosa che non desideriamo, questo adesso ci fa capire meglio ciò che vogliamo.

Così orientando la nostra mongolfiera, quindi i nostri pensieri, verso quel qualcosa che ci piace, saremo in linea con le nostre preferenze.

UN LUOGO INTERIORE

Dopo la turbolenza provocata dallo scontro con ciò che non vogliamo, é tempo di ridirigere la nostra mongolfiera verso nuove rotte, aggiornando le proprie coordinate.

La cosa importante é cambiare i propri pensieri, poiché loro sono la vibrazione che compone l'atmosfera della realtà che andiamo creando.

Per cambiare un pensiero, quindi una data rotta a proposito di qualcosa non voluto, devo pensare ad altro, programmare un'altra rotta.

Non é possibile desiderare qualcosa e al tempo stesso pensare a ciò che non si vuole o che sembra intralciare il percorso.

Che scenario guardo?

Se guardo l'esistente posso venire influenzato da questo, mentre per cambiare le cose devo *guardare ad altro* e cioè *a ciò che voglio*, dove desidero andare o trovarmi ed immaginarmi là.

"Sarà come raggiungere un luogo."

Questo costituisce un luogo che inizialmente sarà un *luogo interiore ed emotivo*, poiché saranno le emozioni che proviamo a dirci come ci sentiamo in quel posto, inteso come situazione che desideriamo vivere, sia che si tratti di una relazione, di un oggetto, un'esperienza o un cambiamento interiore.

3 - LA BUSSOLA INTERIORE

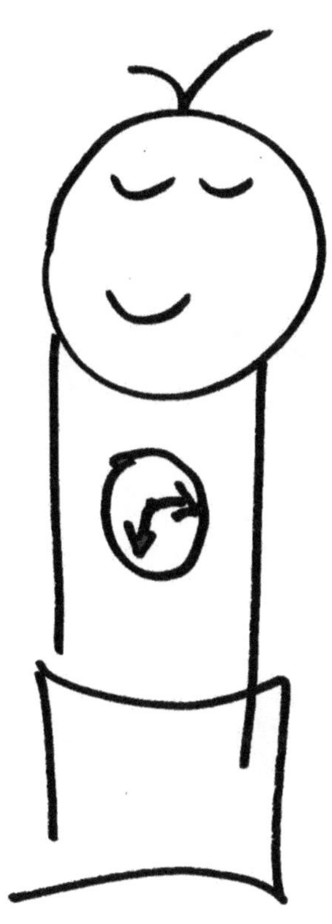

SCEGLIERE LE TRAIETTORIE

Come possiamo scegliere le nostre traiettorie ed essere sicuri che sono quelle giuste per noi?

La cosa straordinaria è che siamo forniti di una *Bussola Interiore* in grado di farci capire cosa è meglio per noi.

La Bussola Interiore è ciò che possiamo definire il nostro *Meccanismo di Guida Emotivo* con il quale la nostra Anima o Coscienza, ognuno può darle il nome che desidera, comunica con noi. In ogni caso, sarà quella parte invisibile che soggiace dentro di noi, che ci ha già accompagnato in molti viaggi.

Dicendo "molti viaggi" mi riferisco a "molte vite". In qualità di esseri eterni abbiamo già vissuto molte esistenze, la nostra mongolfiera si è alzata in volo numerose volte, spaziando in un'infinità di percorsi e situazioni.

PERCHÉ NON ABBIAMO MEMORIA DEI VIAGGI COMPIUTI?

Nei viaggi precedenti abbiamo vissuto moltissime situazioni e ricordarle tutte potrebbe esserci di intralcio, ma abbiamo un formidabile strumento di precisione come la *Bussola Interiore* in grado di fornirci le giuste coordinate, per dirigere la mongolfiera sempre dove desideriamo, ossia per indirizzare la nostra vita verso quello che vogliamo.

La Bussola Interiore è quella Parte Infinita e saggia che di volta in volta, viaggio dopo viaggio, è stata sempre presente a bordo della nostra mongolfiera, vale a dire dentro di noi. In altre parole possiamo definirla la nostra Coscienza che, vita dopo vita, si è incarnata nei corpi delle nostre esperienze fisiche. La nostra Coscienza è l'espressione della Fonte di Benessere e di Energia che Crea i Mondi e quando ci allineiamo con Lei e la lasciamo fluire, permettiamo all'Energia Pura e Positiva di esprimersi attraverso di noi.

COME COMPRENDIAMO IL FUNZIONAMENTO DELLA BUSSOLA INTERIORE?

La Bussola Interiore ha un modo molto efficace e rapido di parlarci e lo compie attraverso le emozioni.

Quando siamo in presenza di situazioni ed eventi e/o formuliamo dei pensieri, Lei ci fornisce sempre l'indicazione che ci permette di capire se ciò che stiamo vivendo, quindi cui diamo attenzione, ci piace oppure no.

Le indicazioni formulate dalla Bussola sono il risultato di innumerevoli esperienze passate, dove noi abbiamo sperimentato le nostre preferenze e compreso quello che volevamo e quello che non volevamo. Prestando attenzione a ciò che ci comunica, comprendiamo il valore delle nostre scelte di sempre.

In qualità di *Esseri Vibrazionali* e comprendendo che ciò che proviamo ci porta ad incontrare ed attrarre l'essenza dei nostri pensieri, possiamo dire che il nostro stato d'animo è l'indicatore delle vibrazioni che stiamo emettendo e costituisce il nostro *Punto di Incontro Vibrazionale*, ossia dove, per la Teoria dell'Incontro, si sta convergendo il moto attrattivo.

I pensieri che ci fanno sentire bene costituiscono quello che ci fa piacere e producono emozioni positive, mentre i pensieri che non ci fanno sentire bene rappresentano quello che non ci fa piacere e alimentano emozioni negative.

Le nostre emozioni ci dicono quanto siamo in linea con l'Energia Pura e Positiva, così in qualità di estensioni di una Fonte di Benessere, quando ci sentiamo bene vorrà dire che siamo in linea con la nostra Vera Natura e quando invece non ci sentiamo bene vorrà dire che non permettiamo tale allineamento.

Dato che l'Energia Pura e Positiva è l'unica Fonte di Benessere nell'Universo, possiamo considerare le emozioni piacevoli come *Bene* e quindi che riguardano ciò che vogliamo e le emozioni poco piacevoli come *Male*, ossia quando ci distanziamo dalla propria natura di benessere e ci orientiamo verso qualcosa di spiacevole e che non vogliamo.

Non permettere alle nostre emozioni piacevoli di fluire potrà far insorgere in noi dubbi o paure, che invece potranno lasciare il posto, allineandoci con la nostra vera natura, a viaggi pieni di entusiasmo e senso di avventura.

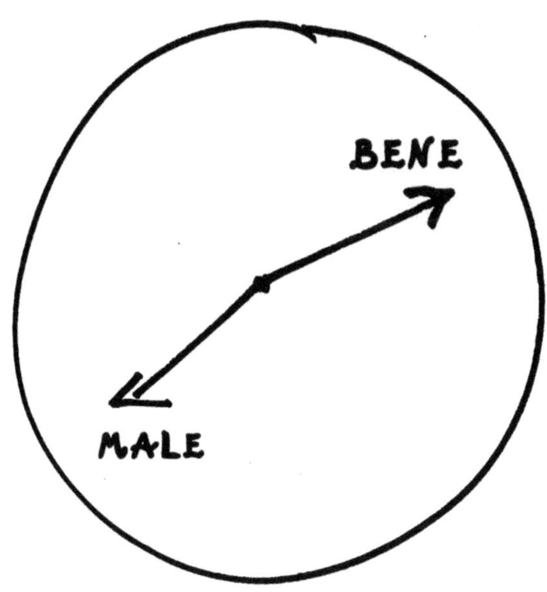

LA LIBERTÀ DI DIRIGERE I PROPRI PENSIERI

Dato che i pensieri creano la nostra realtà, poterli esprimere in maniera deliberata diviene molto importante. Non si tratta tanto di controllarli, quanto di dirigerli.

Hai la libertà di scegliere i tuoi pensieri in base a come ti senti, discernendo *quello che ti piace* da *quello che non ti piace*.

La Bussola Interiore ha due posizioni: desiderato e indesiderato, che possiamo anche definire: *voluto e non voluto*.

COSA VOGLIO VERAMENTE?

Per qualcuno l'uso della Bussola Interiore potrebbe risultare qualcosa di sconosciuto.

Non sapendo dell'esistenza della possibilità di creare la propria esperienza di vita, che consiste nel ricordare di essere un Viaggiatore Intenzionale, questi potrebbe restare influenzato da opinioni altrui, andando in cerca magari della verità, non sapendo che soggiace al suo interno.

Utilizzando pensieri e desideri di altri si può finire per viaggiare a caso, perché non si provano emozioni al nostro interno, arrivando a creare perfino qualcosa che non ci appartiene.

Questo può avvenire anche perché si può credere che se qualcuno sta facendo una certa cosa, forse dovremmo farla anche noi.

Di tanto in tanto é bene rivolgersi la domanda:
"Cosa voglio veramente?"

Questo semplice quesito ci aiuta a connetterci alla nostra Ispirazione e Bussola Interiore, per ottenere le risposte che ci appartengono.

Per far questo sono importanti la pratica dell'*Ascolto*

Interiore, che troverai nella sezione *5 Hangar,* ed anche talvolta una buona dose di amor proprio, che ci consente di individuare meglio ciò che vogliamo o non vogliamo veramente.

Questo per ovviare al fondersi troppo con le opinioni degli altri, che talvolta, nel tentativo di aiutarci, finiscono per confondere loro stessi e forse anche noi e le nostre idee, che potrebbero essere rimesse in discussione persino da noi. Nessuno sa meglio di noi ciò che desideriamo e soprattutto che ognuno é il creatore della propria esperienza di vita.

SU QUALE POSIZIONE SI TROVA L'AGO DELLA TUA BUSSOLA?

Se a causa dei tuoi pensieri ti trovi in un posto indesiderato, puoi distrarti per concentrarti su ciò che vuoi.

"A volte ho desiderato qualcosa e non mi é arrivata. Perché?"

Ogni desiderio, inteso anche come ogni soggetto cui diamo attenzione, contiene due aspetti: *presenza e mancanza.*
Per dirlo con la terminologia della mongolfiera possiamo definire questi due aspetti così: *pieno o vuoto d'aria.*

Se desiderando ciò che vuoi ti concentri più sul fatto che non hai ancora quello che desideri o non sei ancora dove vorresti essere, sei certamente nello stato di *mancanza,* come dire che la tua mongolfiera vive e attraversa un vuoto d'aria.
Il segnale che emetti sarà di *assenza* di ciò che desideri e potrai percepire il *vuoto.*

Tornando a pensare all'essenza di ciò che vuoi, pur non essendo ancora là, ti sentirai stabile, ossia nel *pieno,* riuscendo così a goderti il tuo viaggio con sensazioni positive e di espansione.

POLO DI ATTRAZIONE/RICHIAMO

Quando diamo attenzione a qualcosa questo qualcosa inizia ad emettere una vibrazione, che equivale al nostro polo di attrazione o richiamo, poiché si stabilisce un segnale che ci chiama a sé e la Torre di Controllo inizia a portarci evidenze correlate all'essenza di quella vibrazione.

Più pensiamo a quel qualcosa, più la sua essenza entrerà nella nostra esperienza.

I pensieri che hanno più carica emotiva sono quelli che hanno maggior forza attrattiva.

"Che ne siamo consapevoli o no,
chiamiamo a noi
l'essenza dei nostri pensieri."

Quando concepiamo pensieri riguardanti ciò che desideriamo, la nostra esperienza ne sarà il riflesso. Similmente, quando ci preoccupiamo attiriamo ciò che non desideriamo nella nostra vita.

L'emozione che si prova più spesso costituirà il *Punto Chiave Emotivo (Abraham)*, facendoci comprendere come ci sentiamo rispetto a una data circostanza, ossia come la stiamo vivendo.

Di fatto, con la nostra attenzione verso un dato soggetto, abbiamo messo in moto un processo e possiamo lasciarci trasportare se é qualcosa che ci fa piacere o possiamo cambiare i nostri pensieri se é qualcosa che non amiamo vivere.

Per ottenere un cambiamento é importante comprendere i propri modelli di pensiero e verificare dove si trova il nostro

Punto di Chiave Emotivo rispetto ad un certo soggetto, che si attiva in noi quando ci si espone all'ambiente.

In quel momento la nostra vibrazione si porta nel *luogo vibrazionale* più praticato, ovvero conosciuto, che può essere costituito da storie ed esperienze che abbiamo udito o "respirato" anche fin da piccoli in famiglia.

Se ad esempio fossimo stati esposti a discorsi riguardanti la scarsità o la difficoltà a proposito del denaro, ogni volta che questo soggetto si presenta nella vita, potremmo provare sensazioni di difficoltà e l'umore si porterebbe subito su un senso di delusione e limitatezza.

O magari un altro modello di pensiero potrebbe riguardare qualcosa a proposito della sicurezza o della salute, solo perché si é stati a contatto con persone che sono rimaste impressionate da eventi spiacevoli e per un periodo di tempo potremmo aver udito le loro preoccupazioni.

Così i Punti Chiave che potrebbero essersi sviluppati sono rappresentati da insicurezza e timore.

Comunque sia, il fatto di assistere o aver condiviso con amici o parenti situazioni difficili, potrebbe costituire oggi il Punto Chiave che in automatico fa sorgere quel particolare umore.

MODELLI DI PENSIERO

Dato che tutto é vibrazione e i nostri pensieri sono vibrazioni, se si sta attraendo nella vita qualcosa che non si vuole é bene ottenere prima un cambiamento dei modelli di pensiero, non dei meccanismi che portano all'azione.

Poiché non ci sarà azione sufficiente abbastanza che potrà farmi ottenere ciò che voglio, se i miei modelli di pensiero vanno in tutt'altra direzione e sono molto distanti dall'essenza del mio desiderio.

Tutto ha origine prima nella *Realtà Virtuale Non Fisica* e poi si verifica la manifestazione nella *Realtà Fisica*.

"Attraverso un racconto migliore dell'esperienza di vita
creerò un diverso orientamento
e da lì avverrà il cambiamento desiderato."

Un'offerta vibrazionale pura

Per esempio posso concepire modelli di pensiero sull'abbondanza, che mi aprono alla ricezione di risorse di ogni tipo, cooperative ed affini ai miei desideri.

Oppure a modelli di pensiero su relazioni appaganti, portandomi ad attrarre ed incontrare tutto ciò che riguarda quel tipo di esperienza che desidero vivere.

Si tratta di praticare per un po' quei modelli di pensiero che hanno a che vedere con ciò che fa piacere, avendo cura di comprendere sempre *l'offerta vibrazionale* che stiamo offrendo, poiché non potremo migliorare le nostre condizioni sull'abbondanza nutrendo invidia per la fortuna di qualcuno o coltivare relazioni autentiche e felici se saremo più concentrati, lamentandoci, sugli aspetti indesiderati di un partner o dei colleghi.

Ricordare la nostra natura vibrazionale ci aiuterà a comprendere ed affinare le nostre preferenze, per vederle realizzate nella propria esperienza come ci aspettiamo.

In fondo quei modelli di pensiero sono solo pensieri ripetuti che sono finiti per diventare delle credenze. L'importante é non lasciare che l'esperienze altrui, a cui abbiamo preso parte, costituiscano una verità assoluta, poiché ognuno crea la propria realtà dal proprio spazio interiore.

É bene quindi praticare nuove linee di pensiero che rafforzino l'essenza di ciò che fa sentire bene, fino a stabilizzarsi dentro di noi e poi vederlo nella nostra vita.

ALLINEAMENTO

Quando siamo allineati con i nostri desideri, guardiamo il mondo con gli occhi della Fonte di Benessere da cui proveniamo.

Capire le emozioni che si provano e dirigere il pensiero verso dove ci fa sentire meglio, equivale a dire essere Viaggiatori che deliberatamente si mantengono sulla rotta scelta.

Così si crea un *allineamento* con l'Io Interiore o Ispirazione, la propria Parte di Luce, e le azioni che prendiamo diventano *ispirate* da quella prospettiva.

L'allineamento non solo ci fa provare buone emozioni, ma ci consente anche di aumentare l'*armonia vibrazionale* necessaria per andare incontro ai nostri desideri.

> *"Ci deve essere una corrispondenza vibrazionale*
> *tra i desideri del cuore e le nostre convinzioni."*

Infatti, dato che tutto é vibrazione e la sensazione di

realizzare i nostri desideri e il dubitarne *viaggiano* su frequenze molto diverse tra loro, dobbiamo riuscire a vibrare dell'essenza stessa dei nostri desideri.

"Quando pensiamo a ciò che vogliamo
dobbiamo sentirci già là,
in quel luogo che amiamo."

Potrà sembrare una *finzione*, ma le emozioni positive che ne conseguiranno ci faranno capire che siamo in contatto con l'essenza dei nostri desideri, gustandoci i loro piacevoli e benefici effetti.

In questo modo possiamo ricordarci più facilmente di essere creatori della nostra esistenza e praticare le Basi di Volo diverrà sempre più naturale.

UN NAVIGATORE SEMPRE A NOSTRA DISPOSIZIONE

Quando comprendiamo che la nostra Bussola Interiore é un vero e proprio *Navigatore* sempre a nostra disposizione, sappiamo che in ogni momento e circostanza possiamo ricevere l'indicazione necessaria per guidarci nel nostro Viaggio.

Come il navigatore di un auto indica in quale posizione ci troviamo, così la Bussola Interiore indica il punto dove ci troviamo rispetto al contatto con la nostra Ispirazione o Parte di Luce Interiore.

Quando proveremo dubbio, sconforto o frustrazione, equivarrà ad essere fuori strada e in disaccordo con l'opinione della nostra Ispirazione.

La nostra Bussola Interiore ci fa sempre capire attraverso le emozioni negative, che si sta creando un *divario* tra ciò che pensiamo riguardo ad una circostanza e ciò che pensa la nostra Ispirazione, sempre orientata verso il benessere.

Inoltre, così come il navigatore di una macchina ricalcola il percorso dal punto dove ci troviamo a dove vogliamo andare, così la nostra Ispirazione si comporta allo stesso modo.

Talvolta, sentendo di aver commesso un errore, si é tentati di capire dove si é sbagliato, ma in questo modo si finisce per focalizzarsi sul presunto sbaglio e si rischia di perdere di vista la destinazione.

Così come il navigatore di un auto indicandoci la nuova traiettoria da seguire non dice *"Che errore madornale! Adesso ti riporto indietro per mostrarti dov'é che hai sbagliato!"* l'Ispirazione ci mostra la nuova via da percorrere senza dover tornare indietro per forza.

Capiremo il suo consiglio quando proveremo emozioni positive grazie alla nostra Bussola Interiore.

UNA SCALA PER IL BENESSERE

Abbiamo visto dunque come le nostre emozioni ci fanno da *navigatore* durante il nostro viaggio, dicendoci quando siamo sulla rotta giusta oppure no.
Esse sostanzialmente si possono dividere in due categorie: positive e negative, quindi tra quelle che fanno sentire bene, e ci conducono verso quello che vogliamo, e quelle che fanno sentire meno bene, che ci conducono verso quello che non vogliamo.

Tuttavia, tutte le emozioni sono importanti, perché ci aiutano a capire dove ci troviamo in un preciso momento e di conseguenza ci consentono di poter *aggiustare la nostra navigazione*.

La *Scala per il Benessere* raccoglie tutta la gamma di emozioni che possiamo provare nella nostra esperienza di vita, dove negli ultimi gradini troviamo le emozioni più impegnative e via via salendo le emozioni migliori.
La convinzione di tendere a risalire la Scala per

raggiungere il Benessere é data dal fatto che sappiamo ciò di cui siamo fatti, sappiamo di provenire da là, da una Fonte inesauribile di Luce.

Questa conoscenza ci fa comprendere che se anche ci troviamo in qualche gradino più basso della Scala, la nostra propensione sarà verso l'ascesa e quindi il Benessere. Comprendendo che abbiamo sempre la possibilità di dirigerci dove vogliamo scegliendo i nostri pensieri, sentiremo la libertà riservata all'esperienza di vita.

Nella sezione 5 *Hangar* del manuale potrai trovare gli *Allenamenti al Volo*, con una descrizione accurata della Scala e come muoversi su di essa.

IL SOLLIEVO É L'ALLEGGERIMENTO

Quando i pensieri divengono troppo pesanti e le emozioni si fanno intense, questi elementi possono costituire delle vere e proprie zavorre, che rischiano di lasciare la nostra mongolfiera a terra e di influire pesantemente sul morale.

Un piccolo miglioramento che si riesce a provocare nelle emozioni a livello vibrazionale é molto significativo.

Ti potrà sembrare che passare da un'emozione di sopraffazione ad una di collera non faccia poi così la differenza, ma quando si riesce a produrre in maniera consapevole un cambiamento e si prova la sensazione di *sollievo*, quello é il segnale che é avvenuto un vero e proprio spostamento nelle vibrazioni ed é una chiara indicazione che ci si sta muovendo sulla Scala del Benessere.

D'altronde, l'emozione del sentirsi sopraffatti porta con sé un senso di impotenza, che non lascia intravedere nessuna traccia di forza e, di conseguenza, speranza.

Al contrario, l'emozione della rabbia, seppur intensa, rappresenta la voglia di riuscire a risollevarsi da una condizione non piacevole e lì per lì fa *sentire meglio* della precedente emozione di sopraffazione.

Chiaramente é bene non rimanere a lungo in questi stati d'animo e procedere con la risalita della Scala, come vedremo meglio più avanti, ma comunque la sensazione del *sollievo* rimane il segnale inequivocabile che qualcosa di positivo sta avvenendo in noi, un vero e proprio incoraggiamento a volare ancora.

Si tratta di produrre i pensieri giusti, dandosi il tempo di far evolvere le proprie emozioni, cercando di non saltare in maniera brusca tra vibrazioni troppo diverse e distanti tra loro, che finirebbero per provocare sensazioni di scoraggiamento.

4 - PIANIFICAZIONE DI VIAGGIO

LE TRE FASI DELLA CREAZIONE DEL VIAGGIO

Nella Pianificazione del nostro Viaggio é bene comprendere che il Meccanismo della Creazione del Viaggio si articola su tre Fasi, il cui concetto é apparentemente semplice.
Sono le tre fasi riportate negli Insegnamenti di Abraham.

Fase 1 Chiedere (nostra).
Fase 2 Attendere (non nostra).
Fase 3 Permettere e Ricevere (nostra).

LA FASE 1 APPARTIENE A NOI

La prima fase *Chiedere* é nostra e non é molto difficile, poiché la vita stessa ci porta a chiedere in molti momenti delle nostre giornate.
Sia che abbiamo una reazione a qualcosa che vediamo o che concepiamo un'idea tutta nostra rispetto a qualcosa che vogliamo, l'atto del chiedere é comunque insito in noi.

Quando viviamo un'esperienza, l'attenzione che gli diamo corrisponde a *invitare* la sua essenza nella nostra vita.

La Fase 1 é naturale, poiché ci troviamo nel perfetto ambiente fatto di varietà e contrasti, che fanno sorgere in noi nuove preferenze e dunque nuove richieste.

La Fase 1 é praticamente automatica.

LA FASE 2 APPARTIENE ALLA FONTE

La Fase 2 é di pertinenza della Fonte di Energia Pura e Positiva, la quale risponde sempre ed accorda ogni richiesta. É l'equivalente della frase: *Chiedi e ti sarà dato*.
Ogni desiderio espresso tramite pensieri, parole, preghiere, o vibrazioni viene sempre ascoltato, in pratica ad ogni parte

della nostra Coscienza viene sempre risposto.

FASE 3 - PERMETTERE PER RICEVERE

La Fase 3 é di nuovo nostra ed é quella dove esercitiamo la nostra *Abilità a Lasciar Fluire,* ossia pratichiamo la Terza Teoria Universale, che come abbiamo visto in precedenza consiste nel dare libertà a se stessi e agli altri.
Nella Meccanismo Creativo la Fase 3 assume anche la valenza e l'accezione di *Abilità a Permettere,* una qualità essenziale per poter *ricevere* l'essenza delle nostre richieste.

Dato che le vibrazioni del nostro Essere devono corrispondere a quelle dei nostri desideri, poiché solo così può avvenire la loro manifestazione, il praticare l'*Abilità a Permettere* diviene fondamentale per poter ricevere ciò che abbiamo chiesto.

Può sembrare strano o scontato dover diventare *Abili a Permettere* cose come più benessere, amore o salute, ma quando uno o più di questi aspetti vengono a mancare o ci sembra che scarseggino, il riuscire ad essere *Permettenti* ci tornerà molto utile per migliorare la qualità di una o più aree di vita.

PIÙ UN FARE O UN PENSARE?

Quando si inizia a ricordare che la nostra vera natura é quella di essere Viaggiatori Intenzionali e che viviamo in una *Realtà Vibrazionale,* piano piano si può incominciare a lasciare minor spazio al *fare* e più ad un *pensare in un certo modo,* poiché sappiamo che abbiamo scelto di essere qui per essere stimolati dalle circostanze della vita e creare la nostra esperienza assistiti dalla Torre di Controllo in accordo con la Fonte di Benessere.

I nostri desideri sono sempre ascoltati, sia che siano espressi in forma di parole, pensieri o anche solo nel nostro intimo e così la Sorgente di Energia Pura e Positiva dispone e coordina per noi il necessario per rendere il viaggio più piacevole, significativo e aderente alle preferenze di vita, quelle che il nostro pensare ha predisposto.

Si prenderanno sempre le azioni del *fare*, ma saranno preparate in precedenza mediante le nostre pianificazioni di viaggio, che confidano nell'agire della Sorgente di Benessere.

COME DIRIGERE I PENSIERI

La vita ci fornisce continuamente situazioni che stimolano le nostre preferenze, le quali fanno scaturire dentro di noi nuovi desideri.

A questo punto é bene rendersi conto di rimanere sulla *nuova vibrazione* che il desiderio ha generato, non sulla *vecchia vibrazione* che ha dato origine alla nuova preferenza.

Ad esempio, ci si rende conto che il lavoro che abbiamo non ci soddisfa più tanto e ne vogliamo uno nuovo.

Immediatamente si può sentire la soddisfazione generata dall'idea che il pensiero del nuovo lavoro fa scaturire in noi, attraverso tutte le sensazioni che quella novità ci dona.

Da dentro di noi, a livello energetico, parte un *Razzo di Desiderio* che raggiunge la Fonte di Benessere, la quale lo accoglie.

Ammettendo per un attimo che non si conoscano le basi di Volo per divenire Viaggiatori Intenzionali e quindi tutto il Meccanismo Creativo, l'impazienza per il cambiamento finisce per prevalere e quel sentimento di entusiasmo per il nuovo lavoro presto si esaurisce.

Così, invece di rimanere focalizzati sulle sensazioni che il nostro desiderio é in grado di comunicarci, si finisce per tornare a ciò che non si voleva più, rallentando così il Processo Creativo.

Dato che la Fonte di Benessere accorda ogni richiesta, é bene essere chiari nell'esprimere il vero significato di ciò che chiediamo, poiché la Torre di Controllo non ascolta le nostre parole, ma le vibrazioni in esse contenute.

Così potrei dire: *Voglio un nuovo lavoro!*
Ma la Fonte capisce: *Il mio lavoro non mi piace più.*
Potrei aggiungere: *Ho davvero bisogno di un nuovo lavoro!*
E la Fonte capisce: *Davvero non riesco a trovare un nuovo lavoro.*

Quindi é bene affinare l'offerta vibrazionale, riportandoci a quelle sensazioni che il nuovo desiderio naturalmente ci aveva già dato. Quello é il segnale che dobbiamo emettere.

UNA NUVOLA CARICA DI DESIDERI

Poco fa abbiamo detto che quando si genera una preferenza dentro di noi, subito dal nostro Essere parte un *Razzo di Desiderio* che la Fonte accoglie immediatamente.

Dove vanno a finire esattamente i nostri *Razzi?*
In un luogo energetico in grado di contenere tutte le preferenze mai espresse, una specie di Cloud, quindi uno spazio, che io qui chiamo Nuvola, piena di tutti i nostri desideri, collocata nel Mondo Non Fisico.

Dato che la Fonte di Benessere tiene conto di ogni desiderio, ossia risponde immediatamente *divenendo l'essenza* stessa di quella richiesta, questa viene conservata fino a quando la nostra offerta vibrazionale sarà in armonia con le sue vibrazioni, quindi fino a quando si verificherà una corrispondenza tra le sue parti e a quel punto il desiderio si manifesterà anche nel Mondo Fisico.

QUANTO CI METTO AD ARRIVARE?

Talvolta, anche quando si sono iniziate a imparare le Basi di Volo, si possono attraversare momenti di difficoltà che ci fanno nutrire dubbi ed incertezze sull'arrivare ad incontrare l'essenza dei nostri desideri.

In quei momenti potremmo volere risposte che ci consolino e ci mettano tranquilli. Vorremmo conoscere ad esempio i dettagli della manifestazione del nostro desiderio: come questo avverrà, quando e soprattutto chi ci aiuterà a realizzarlo.

Ma questi quesiti, rimanendo generalmente irrisolti, ci potranno solo procurare ansia.

Quando mi soffermo sul "come, quando o chi",
sono orientato sul problema.

Per non cadere preda dell'impazienza, soffermarsi a pensare sul perché voglio qualcosa, ci metterà al riparo da dubbi atroci.

"Perché voglio questo mio desiderio?"
Così torno ad orientarmi sul desiderio.

VECCHI E NUOVI SCHEMI

Se sembra che non stai riuscendo ad arrivare dove desideri, questo non é perché non ne hai la possibilità, ma perché potrebbe succedere di sentirti bloccato in uno schema di viaggio che non corrisponde allo schema di viaggio del luogo da te desiderato.

Potresti pensare che i modelli di pensiero che hai riguardo al tuo desiderio sono troppo radicati per essere cambiati, oppure che c'é una parte di te che, nonostante il proprio desiderio, teme di andare incontro a ciò che non conosce ed invece di esserne elettrizzato, ne é intimorito.

Così arrivi a pensare di essere bloccato.

Ma non si tratta di un vero e proprio blocco, perché l'Energia si muove continuamente e ci porta ad incontrare ciò che le abbiamo chiesto comunque.

Certo, avere la sensazione di tale blocchi può rallentare il processo di manifestazione, ma affinché tu possa vivere al meglio il tuo Viaggio, se affini il contatto con la tua Ispirazione, puoi riuscire a andare oltre tutti questi dubbi e capire e sentire quello che é veramente importante per te.

MOMENTI GIÙ DI PRESSIONE

Sono i momenti in cui ci sentiamo come una mongolfiera che perde pressione, quindi quota, e sentiamo di non riuscire a mantenere stabile il nostro volo, ossia il nostro umore.

Ora più che mai é il momento di credere, rimanere sereni e non disperare.

Usando la terminologia della mongolfiera possiamo dire:
"É solo una burrasca, passerà e tornerà il sereno."

Quando ci riesce difficile navigare é bene ricordare di riportare la nostra esperienza come ad una *rotta di pensiero*, che ci aiuterà a gestire meglio le difficoltà che stiamo attraversando e per farlo dobbiamo aggiustare i nostri pensieri, perché se ci siamo ritrovati in quel particolare stato emotivo, qualcosa é avvenuto.

Mettiamo il caso che é successo qualcosa che non ci aspettavamo e questo ha generato una reazione in noi;

senza rendercene conto abbiamo iniziato a pensare in un modo che ha cominciato a portarci progressivamente verso terra.

In questi casi, se riusciamo a ridare pressione al pallone della nostra mongolfiera prima che continui a prendere forza, fino al punto di sentire di non avere più il controllo, avremo certamente più possibilità di rientrare in uno stato d'animo migliore in tempi più rapidi e chiaramente riprendere quota.

Se fossero stati i pensieri riguardo a quello che si vuole a generare un senso di perdita di quota, é bene rivolgere la propria attenzione verso qualcosa di *generale*, che esuli quindi dal toccare l'argomento che suscita più reazioni emotive.

Qualora la situazione ci fosse sfuggita di mano, ci si può dare la possibilità di buttare fuori il proprio dolore con uno sfogo breve ma intenso, per richiamare la nostra forza, come a ridare pressione al nostro pallone.

Quando si produce un pensiero, esso subito vibra e noi vibriamo della sua energia.

Per effetto della *Teoria dell'Incontro* quel pensiero porta a produrre pensieri simili, fino ad aumentare la loro *portata vibrazionale* a seconda di quanto li ripetiamo o abbiamo pensieri similari che vanno ad attrarsi fra loro.

Ponendo attenzione a come ci sentiamo possiamo capire se ciò cui diamo attenzione é qualcosa che ci fa piacere o no e quindi decidere se correggerne la direzione.

Nel caso della perdita di pressione, forse si é trattato di qualcosa a cui non abbiamo rivolto sufficiente cura o abbiamo creduto che non fosse possibile risolvere nei modi che pensavamo.

ELEMENTI COLLABORATIVI

Una volta che si é identificato il nostro desiderio e lo si é espresso per farlo entrare nella nostra vita, sappiamo che la Torre di Controllo inizierà a chiamare tutti gli elementi collaborativi adatti e in risonanza con la natura del nostro desiderio.

Per esempio, anni fa mi trovavo nel mio paese d'origine ed ero appena rientrato dall'Australia. Sentivo che ero cambiato ed avevo difficoltà a ritrovare uno spazio dove nutrire l'Ispirazione. Avvertivo come un senso di chiusura, lentamente sentivo che mi stava comprimendo. Avevo bisogno di esprimermi, così come era avvenuto anni prima quando andai a vivere per la prima volta in campagna nella casa a San Gimignano.

Quindi il mio desiderio era chiaro: spazio.

Mentre provavo queste sensazioni cominciai a notare che persone amiche dicevano a me ed Helen di andare a vivere da loro o vicino a loro. Non ci sentimmo di accettare la prima proposta né tantomeno la seconda, poi ne arrivò una terza che decidemmo di accettare.

Non eravamo convinti al cento per cento, ma si stava

avvicinando la data in cui dovevamo lasciare la casa poiché sarebbero iniziati i lavori di ristrutturazione.

Sennonché, amici arrivati dal Canada passarono a trovarci e, saputo del nostro stato d'animo, ci offrirono di andare a vivere, almeno per 6 mesi, nel loro chalet a un'ora da Montreal.

Così accettammo e fu perfetto: appena giunti in Canada sentii quel senso di compressione svuotarsi subito. La casa si trovava immersa nel bosco con un magnifico lago davanti dove, essendo ancora estate, potemmo fare anche il bagno.

L'Ispirazione poté esprimersi al meglio. Fu lì che Helen ed io costruimmo i nostri siti web in Italiano e in Inglese, producemmo due video corsi e una video serie sempre in duplice lingua.

I nostri amici li avevamo conosciuti qualche anno prima in una crociera in Alaska. L'Ispirazione di recarci là l'avevamo avuta per seguire un seminario di Abraham e oltre a farci vivere una magnifica e significativa esperienza, ci aveva consentito di poter ricevere poi l'offerta Canadese.

Con questo voglio dire che gli *Elementi Collaborativi*, che si possono congiungere tra loro grazie all'Ispirazione e la Fonte di Energia, possono davvero essere incredibili e soprattutto impensabili.

NON C'É SCARSITÀ

Talvolta, nel formulare i nostri desideri si potrebbe venir presi da pensieri che ci limitano, così potremmo pensare:

"É giusto che desideri questo?"

I soggetti dei desideri del cuore potrebbero spaziare dal benessere economico alla salute, dalla gioia all'amore.

La questione riguarda il fatto di sentire che il proprio desiderio toglierà qualcosa a qualcun altro. Questo ha a che vedere con il fatto che se desidero tutte quelle cose e poi si manifestano, forse avrò fatto un *torto* a qualcuno che come me desidera una o tutte quelle cose.

É bene comprendere che non esiste *scarsità*, ma anzi *Abbondanza* per tutti, che qualunque sia l'oggetto dei desideri la Fonte di Energia non solo accoglie ogni richiesta, ma l'offerta di manifestazione si espande proporzionalmente alla domanda.

Quando vediamo qualcuno che sembra scarseggiare qualcosa nella sua vita, se lo guardiamo dal punto di vista della scarsità sarà come dirgli che non é in grado di manifestare, che le sue possibilità sono limitate, che non é un Essere Luminoso in grado di arrivare dove vuole.

"Si crede che dispiacersi per qualcuno
sia un modo di aiutare le persone,
invece é proprio il contrario."

Quando dentro di noi proviamo gioia per qualcuno e sentiamo che qualunque cosa desideri potrà arrivarci, di fatto stiamo compiendo il miglior atto di fede che si possa fare, sentendo che ognuno, in ogni momento della sua vita può compiere il suo Viaggio di Evoluzione attraverso le proprie Esperienze.

Anche perché non possiamo totalmente comprendere l'esperienza degli altri, come essi sono arrivati a concepire i loro desideri e cosa questi rappresentano per loro.

Il concetto di abbondanza ci porta anche a capire che *non esiste competizione*, poiché ogni richiesta, venendo sempre accolta ed esaudita, prima o poi si manifesterà nell'esperienza di chi l'ha espressa.

LASCIA STARE IL RISULTATO

A volte pensare troppo al risultato dei nostri desideri, perché sembra che non stiano entrando nella nostra vita, potrebbe mandarci in uno spazio di frustrazione.

Per rimanere sereni e soprattutto far entrare l'essenza dei desideri nella nostra esperienza di vita é bene mantenersi sempre sulle emozioni, cioè su quelle sensazioni che il nostro desiderio ci comunica.

Potrebbe essere facile pensare al *risultato*, cioè a quello che il nostro desiderio ci può portare: magari un amore, più salute o un maggior benessere, ma bisogna fare attenzione a quello che si prova per non rischiare di andare in uno spazio di vuoto, dove non vedendo ancora il risultato sperato manifestarsi nella vita, si possono incominciare a nutrire emozioni spiacevoli di disappunto, dubbio e frustrazione.

Ciò avviene perché é come se sentissimo che siamo usciti dalla traiettoria che ci conduce verso i nostri desideri.

*"La soddisfazione
arriva dal sentirsi sulla strada
che porta ai nostri desideri."*

Rimanendo sulle emozioni che il nostro desiderio ci può dare, anche se non si é ancora manifestato, potremo sentirci bene.

*"Quello che desideriamo,
lo vogliamo perché crediamo
che l'averlo
ci farà sentire meglio."*
Abraham

Un buon modo per pensare ai nostri desideri é quello di andare lontano con la propria immaginazione fino al punto in cui non sentiamo disaccordo o difficoltà.

Jerry Hicks, divulgatore degli Insegnamenti di Abraham insieme alla moglie Esther, che Helen ed io abbiamo conosciuto personalmente durante un seminario in Alaska, aveva un detto: *"Posiziona il tuo cappello abbastanza lontano in modo che quando lanci le tue monetine tu possa ricevere soddisfazione, ma non troppo lontano da procurarti frustrazione."*

Il buon Jerry con il suo detto voleva fornire un esempio di cosa accade quando pensiamo a ciò che crediamo che possiamo realmente manifestare. Il suo era un modo per suggerire di posizionare la nostra aspettativa ad una distanza giusta, in modo che potesse essere raggiunta dalle nostre credenze.

Quindi tarare la distanza per evitare di incorrere nella frustrazione di non riuscire nemmeno a sentire più il nostro desiderio, ma solo perché é stato posto troppo lontano, non perché sia impossibile da realizzare.

UNA CORRENTE DI VENTO

La denominazione *Corrente di Vento* rappresenta la Corrente di Energia Pura e Positiva che permea il Tutto.

Essa è in ogni cosa ed è presente sia nell'Universo che nel Mondo Fisico.

"Qualcuno può non essere consapevole
di tale Corrente di Energia,
tutti però ne sono influenzati."
Abraham

Comprendendo le *Basi di Volo*, ossia i principi fondamentali del *Meccanismo Creativo Universale*, avremo a disposizione gli strumenti da applicare a un'infinità di progetti di volo.

I nostri viaggi futuri non ci appariranno più così distanti e quelli passati potranno avvalersi di una nuova comprensione.

CIÒ CHE PROVIAMO CI DICE SE STIAMO PERMETTENDO O RESISTENDO

Quando ci si fanno troppi scrupoli a vivere cose belle si rischia di non alzarsi in volo, per fluire nella Corrente di Vento che ci può trasportare.

Si può riconoscere l'emozione che si prova: *resistenza*.

La Corrente di Vento fluisce sempre nei Cieli delle Possibilità in modo continuo. Possiamo permettere alla mongolfiera di scorrere liberamente o resistere alla Corrente.

Quando attingiamo ai nostri desideri e produciamo buoni pensieri, saremo in una modalità denominata *Con-il-Vento*.

Un esempio di quando siamo in questo stato può essere quando siamo ottimisti e colmi di aspettativa positiva:

"É straordinario pensare alla destinazione che voglio raggiungere, provo stupende emozioni. Non vedo l'ora di arrivarci."
Non c'é resistenza.

Un esempio di resistenza é sicuramente quando si é sarcastici o pessimisti riguardo a ciò che si desidera:

"Arriverò in questo famoso posto? Eh… troppo bello!"
"Ci sto impiegando troppo tempo, qualcosa non va."
C'é resistenza.

La nostra Bussola Interiore ci fornisce sempre il *Punto di Vista* della Fonte di Benessere, la quale ha un'alta opinione di noi e di ciò che le chiediamo.

Così quando devieremo da tale prospettiva, potremo sentire subito un disaccordo nel nostro animo. In quel caso entreremo nella modalità *Contro Vento*.

Il *Punto di Vista* della Fonte é costantemente focalizzato su tutto quello che é importante per noi e talvolta, magari per cercare di non sentire la difficoltà della realizzazione dei desideri o perché ci sembra che qualcosa non accada, potremmo cercare di volerli realizzare nei tempi e nei modi che crediamo più giusti.

Con una tale attitudine non stiamo creando il nostro viaggio, ma lo stiamo controllando.

In questo modo i pensieri che avremo potranno essere di fretta, sfiducia o impazienza e le onde radio, che invieremo alla Torre Centrale dell'Energia Pura e Positiva, verranno tradotte su queste frequenze, impostando il viaggio su quelle coordinate.

In altre parole, stiamo rendendo il Viaggio più difficile di quello che è.

Così facendo, è come se avessimo messo alla nostra mongolfiera un motore per accelerarne la velocità, quindi la realizzazione del desiderio, ma saremo in modalità *ControVento*.

A meno che le nostre azioni non siano ispirate, ossia in contatto con la nostra Ispirazione, la Parte di Luce, é bene lasciar fare alla Corrente di Energia Pura e Positiva, che dispone per noi le risorse che servono nei momenti giusti.

Ricordati che non devi preoccuparti di avere qualche pensiero *ControVento*, poiché hai un certo *lasso di tempo* per ridirigere nuovamente i tuoi pensieri *Con-il-Vento*.

ALTRI ESEMPI DI RESISTENZA

Con Poco Vento

"Uffa, c'é poco vento! Sono insoddisfatto!"

Tali dichiarazioni avvengono quando si vola a caso, perché i pensieri non sono sufficientemente focalizzati su un determinato soggetto. Probabilmente non si é capito cosa si vuole e questo avviene quando non si é posto attenzione alle proprie emozioni, a come ci si sente per capire cosa si vuole.

La Parte Interiore di Luce, l'Ispirazione, é pronta a dare le risposte ai nostri quesiti, ma é necessario trovarsi in uno stato di *ricezione.*

Se non ci troviamo in tale stato e si é volato, quindi vissuto, un po' a caso, rimbalzando più che altro su ciò che avveniva fuori da noi, ciò può contribuire a creare una sorta di smarrimento, dunque perdita di forza ed energia.

Semplicemente non ci si é chiesti chi si é e cosa si vuole, che comunque attraverso gli *Allenamenti al Volo* descritti nel successivo capitolo *Hangar,* con il dovuto tempo si potrà recuperare chiarezza.

ControVento con Sforzo 1

Dedicarsi alla realizzazione dei nostri desideri con impegno va bene, ma quando lo facciamo perché ci sembra che dobbiamo dimostrare qualcosa o sentiamo di doverne essere degni o addirittura che dobbiamo meritarci quel nostro desiderio, allora c'é qualcosa che stona.

Potremmo chiederci i motivi che ci portano a sentire tali emozioni e rendersi conto che talvolta:

- Dimostrare qualcosa ha a che fare probabilmente con il bisogno di doversi sentire approvati e elogiati;

- L'essere degni riguarda una scarsa considerazione e un senso di inadeguatezza;

- Il merito ha a che fare con una bassa autostima derivante da credenze di non essere abbastanza.

Quando ci ritroveremo a vivere uno o più di questi stati d'animo equivarrà a trovarsi in modalità *Contro Vento con Sforzo*, dato che così i desideri costano fatica.

Quelle modalità trasferiscono molta della nostra Energia e Potere all'esterno di noi, mentre la Forza proviene da dentro.

Potremmo indagare sui motivi che ci hanno portato a vivere quegli stati d'animo e scoprire tante cose di noi, ma ciò ci prenderebbe tempo e non é del tutto necessario, poiché ascoltando cosa ci dice la nostra Ispirazione e Bussola Interiore, ci ricorderemo della nostra vera natura di Esseri di Luce e tutte quelle prerogative ai nostri desideri svaniranno, semplicemente perché non hanno motivo di esistere.

Certo all'inizio potremmo non essere sicuri di quello che ci dice la nostra Bussola, perché le emozioni positive pervengono ancora da tutte quelle modalità di pensiero che potrebbero, in un certo qual modo, trovarsi dentro di noi di default, in modo automatico, e anche perché sono abbastanza comuni da essere riscontrate nelle persone intorno a noi tanto da sembrarci *normali*.

Praticando le Basi di Volo rammentiamo le Teorie Universali e diviene sempre più chiaro di essere un'Estensione di una Fonte di Energia Pura e Positiva che ci porta ad essere Viaggiatori Intenzionali, quindi Esseri di Luce che co-creano la propria Esperienza di Vita in modo deliberato, sapendo che:

- La base della vita é la Libertà

- Lo scopo é la Gioia

- Il risultato é la Crescita

ControVento con Sforzo 2

In questa modalità contrasto la *Corrente* andandole contro, con il rischio di sprecare forze ed energie, invece di sfruttare tutta la Sua forza.

Ma c'é di più, poiché andando contro qualcosa che non voglio, non faccio che rafforzarne la sua presenza e quello che ottengo sarà l'effetto opposto, poiché quale che sia la situazione, esperienza o relazione che non desidero più incontrare, essa per la Teoria dell'Incontro, continuerà a perpetuarsi nella mia esperienza di vita.

Questo avviene quando crediamo che ci siano degli ostacoli che si pongono tra noi e i nostri desideri. Ma il fatto che qualcosa che non desideriamo si trovi sulla nostra Tratta di Viaggio é perché ce lo abbiamo messo noi.

Il Moto Attrattivo messo in funzione dai nostri desideri ci ha portato ad incontrarli perché, almeno per il momento, quegli aspetti indesiderati fanno ancora parte del *Mix di Vibrazioni* offerto quando abbiamo espresso il nostro desiderio.

Ammettiamo che l'oggetto di un nostro desiderio sia il volere una nuova relazione. Non ci trovavamo bene con il rapporto che si era venuto a creare con la persona con cui stavamo e così ne abbiamo desiderato uno diverso.

Siamo riusciti a troncare quella relazione divenuta ormai insoddisfacente, ma stare soli non ci piace e così incontriamo un nuovo partner credendo che sia la relazione giusta, ossia che non abbia gli aspetti indesiderati presenti nell'altra relazione.

Ma quello che non ci faceva piacere nel vecchio rapporto, a livello vibrazionale é ancora presente in noi: il nuovo partner si presenta con gli stessi aspetti spiacevoli e non voluti, tale e quale al primo rapporto.

Non essendoci dati il tempo necessario per pulire le nostre vibrazioni a riguardo, ci siamo *portati dietro* ciò che non volevamo e questo ha finito per attrarre e farci incontrare la sua essenza nuovamente.

STARE NEL FLUSSO

Dirigere i pensieri per trovare uno stato d'animo migliore equivale a stare nel Flusso della Corrente di Vento, ossia di Energia Pura e Positiva.

Quando viviamo tale stato siamo nella modalità *Con-il-Vento* e possiamo renderci conto che tutto fluisce in maniera migliore e con minor sforzo.

Così facendo stiamo *permettendo* a noi stessi di lasciarci portare dal Flusso.

Quando andare nella direzione di quello che vogliamo fa provare soddisfazione e solo all'idea di sentirci là ci sentiamo bene, allora vuol dire che siamo in *Allineamento Vibrazionale*, poiché l'essenza di ciò che vogliamo é costituita da vibrazioni.

Una volta che formuliamo un pensiero riguardo a ciò che ci piace, stiamo inviando una richiesta alla Torre di Controllo e l'essenza di quello che desideriamo si forma in una *Realtà Vibrazionale,* per poi successivamente divenire Forma Fisica.

SLANCIO

Si tratta di una parte molto importante nel Processo Creativo, poiché attraverso lo *Slancio* é possibile vivere un'esperienza di cambiamento o persino il raggiungimento di un desiderio, senza percepire le condizioni di sforzo ed incertezza.

Questo non vuol dire che non ci si debba impegnare, ma tutto scorre in maniera fluida, senza timore, con passione e determinazione, vivendo un vero e proprio Slancio Vitale.

In qualità di *Esseri Vibrazionali,* inseriti in una *Realtà Vibrazionale,* ciò che viviamo ha sempre a che fare con un'evoluzione interiore, che poi si rifletterà nella nostra vita. Questa evoluzione crea nuovi scenari e ci espone a nuove situazioni che fanno scattare in noi nuove preferenze, alle quali l'Ispirazione, la Fonte Interiore di Saggezza, risponde sempre.

Nel momento in cui saremo in *armonia vibrazionale* con i nostri desideri, lì avverrà lo *Slancio,* vissuto attraverso una o più azioni, che naturalmente devono essere *ispirate,* dunque in ascolto e in accordo con l'Ispirazione.

Stare *al passo* con l'Evoluzione

Una volta lanciati i nostri desideri, la Torre di Controllo non solo raccoglierà tutti gli *Elementi Collaborativi* necessari per la loro realizzazione, ma invierà segnali anche a noi, che potranno essere ricevuti sotto forma di idee e impulsi da seguire, riconoscendo la loro natura benefica dalle emozioni positive che proveremo.

Dobbiamo sempre ricordarci che il nostro Viaggio é un'Esperienza di Evoluzione e che il raggiungimento dei nostri desideri può comportare molteplici passaggi, quindi farci attraversare molte tratte, all'interno delle quali avverranno sincronicità specifiche e importanti sviluppi per passare alla tratta successiva.

Per fare questo é bene *Stare in Campana,* ossia in ascolto di quello che avviene dentro di noi e a come la nostra energia cambia di frequenza. La Realtà che viviamo si basa su questo: vibrazioni.

Si tratta sostanzialmente di *Essere Pronti per Essere Pronti.* Questo dipende da come accogliamo ed elaboriamo quello che avviene in noi, che poi ci porterà a prendere delle scelte ispirate.

> *"Sta a noi stare al passo*
> *con quello che la vita*
> *ci ha causato di diventare."*

Porto due esempi presi dalla mia esperienza personale, che puoi ritrovare in maniera più esaustiva nei volumi *Viaggio nell'Anima* e *Verso Nuove Frontiere*, rispettivamente Libro 1 e Libro 2 della Serie *I Viaggi di Lorenzo*.

Il primo esempio si basa sul viaggio di nozze insieme ad Helen in Australia e il secondo esempio sul periodo di tempo speso in Inghilterra, propedeutico al successivo secondo viaggio in Australia.

Helen aveva sentito fin da ragazzina che il giorno che si sarebbe sposata avrebbe compiuto il viaggio di nozze in Australia.

Questa sensazione di Helen l'ho sempre vista come una vera e propria *Ispirazione*, qualcosa che nel proprio animo si sa che avverrà e porta con sé qualcosa di speciale.

Sebbene non volessi deludere Helen nell'aiutarla a realizzare quello che sembrava un sogno per lei, allo stesso tempo sentivo che il pensiero di recarmi in Australia mi produceva qualche timore (*Ispirazione da me ricevuta*).

Non sapevo a cosa attribuire quel mio stato d'animo, ma dato che mi preoccupava, tentavo di deviare la destinazione del viaggio sulla Nuova Zelanda. Quella meta mi faceva sentire più a mio agio, la sua dimensione, simile a quella dell'Italia, mi portava a pensare che sarei come rimasto all'interno dei miei *confini interiori*.

L'Australia, invece, mi procurava interiormente come un allargamento delle mie vedute e che poteva portarmi quindi a chissà quale cambiamento (*Ispirazione da me ricevuta*).

Infatti non mi sbagliavo.

Accordai la proposta di Helen e una volta in territorio Australiano, già a Sydney, la prima tappa, sentii che non si trattava di un viaggio come altri.

Nuovi stati d'animo scaturivano in me producendo nuove vedute anche a fronte di difficoltà, perché cercavo di resistergli e impedire quel cambiamento.

Nonostante la mia resistenza comprendevo che un'evoluzione era in corso, che alla fine di quel viaggio non sarei stato più quello di prima e in questo c'era una sorta di accoglienza, che mi aiutò ad essere più consapevole quando arrivammo ad Uluru nel centro del deserto: l'Outback, il cuore rosso dell'Australia.

Da lì in poi il mio approccio verso questa apertura fu ancora più disteso e deliberato, definendo via via una nuova prospettiva, propedeutica per le scelte che presi al ritorno dall'Australia.

Si trattava di un grande cambiamento, una tratta davvero importante del mio Viaggio, e per viverlo appieno c'era proprio bisogno di uno *Slancio* in grande stile, cosa che si verificò grazie a quella *maturazione*.

La lunghezza del Viaggio in Australia fu tale che mi permise di vivere in maniera completa l'evoluzione di quel periodo, attraversando tra l'altro paesaggi stupendi.

Quindi, riassumendo:

- L'Ispirazione inizia a *parlarmi* già prima di iniziare il Viaggio attraverso le sensazioni di presagio;

- Continua a *parlarmi* durante il Viaggio: riconosco quello che mi accade e *sto al passo* con quell'Evoluzione;

- I cambiamenti *maturano* in me fino a raggiungere il loro *culmine*;

- Arriva *lo Slancio* finale.

Una volta rientrato dal Viaggio mi sentivo cambiato e dopo

tre o quattro giorni sperimento *Lo Slancio*: una mattina avverto che devo partire per trovare un posto, poiché non posso più stare dove abito.

Premetto che Helen ed io prima del Viaggio in Australia avevamo cercato casa per molto tempo, ma non era venuto fuori niente. Di colpo, la ricerca riparte.

Mi metto alla guida della mia auto e mi dirigo sull'autostrada; prendo un'uscita una trentina di km dopo, dirigendomi per le strade di quella località, ma sento che non va bene: qualcosa mi dice che così mi sto chiudendo. Rimonto in autostrada direzione sud cercando di sentire dove dirigermi. All'improvviso ricordo un episodio vissuto due o tre anni prima, dove all'uscita per San Gimignano avevo provato delle stupende sensazioni. Mi dirigo lì a tutta velocità, sono in preda all'entusiasmo dotato di una forza straordinaria. Prendo l'uscita, trovo un'agenzia immobiliare e chiedo se hanno una casa nel verde. La casa non solo c'é ed é nel verde, ma si trova in cima ad un Colle che guarda San Gimignano, circondata da olivi e vitigni. Una cosa di una bellezza pazzesca!

L'Ispirazione si rivela poi più che giusta, poiché sarà lì che io ed Helen inizieremo a scrivere i nostri primi libri.

Anche Helen nel Viaggio in Australia aveva vissuto una sua Evoluzione: aveva sentito di voler rimanere a vivere lì.

Al termine del viaggio le dissi che ci avrei pensato e quando se ne fosse presentata l'opportunità avrei provato a tornarci. Cosa che avvenne qualche anno dopo.

Per recarmi nella terra dei canguri mi erano necessarie però due cose: rifarmi un curriculum di cuoco e pasticcere in modo da avere i requisiti necessari per essere assunto e ottenere il visto, e passare un esame di inglese specifico per l'immigrazione.

La miglior cosa da fare era recarsi a Londra.

Poteva non presentarsi come un problema, se non fosse stato che non volevo andare né in Australia né rientrare in una cucina. Tuttavia volevo poter concedere ad Helen una possibilità e confidavo anche in un ritorno di passione verso il mestiere e la carriera che avevo abbandonato da tempo.

Così acquisto il biglietto per Londra che mi catapulta letteralmente in un'altra dimensione. Vivo un po' di difficoltà inizialmente e mi sembra di non farcela, ma la situazione resiste: trovo un primo lavoro, poi un altro e un altro ancora, insomma tutte le porte si aprono, mio malgrado.

Le cose si mettono talmente bene che riesco a comprendere come l'Ispirazione mi possa far fare le scelte migliori, con le opportunità che si mostrano letteralmente davanti a miei occhi.

Ad un posto che mi accoglie per un periodo, dal quale vengo via nel momento che capisco che non fa per me, un altro ne arriva; quando in questo vedo che non imparo molto, ne arriva un altro migliore; dopo un po' mi accorgo che lì c'é troppo stress e vorrei un luogo più aperto, arriva una nuova località fuori Londra, in un'isola del Canale della Manica. Lì rimango un po' più a lungo, fino a che poi parto per il secondo Viaggio in Australia per cercare lavoro.

Quindi, riassumendo:

Le parti che riguardano *l'Ascolto, la Maturazione e* lo *Slancio,* come abbiamo visto nel precedente episodio, in questa esperienza Inglese, durata circa nove mesi, sono state vissute in maniera continuativa.

Le azioni ispirate che ho preso sono state molte ed é come se ogni volta fossi arrivato *al culmine* di una *maturazione*, al di là della quale mi si mostrava un nuovo scenario.

Ho potuto soprattutto vedere come l'Ispirazione mi ha sempre inviato i suggerimenti giusti per rimanere aderente alle mie preferenze.

Nei momenti in cui ero pronto ad un cambiamento, ecco che mi arrivava una situazione in linea con quello che mi sembrava migliore.

*"L'Ispirazione
tiene conto di ogni desiderio
e al momento giusto
fornisce gli elementi e gli scenari
necessari alla sua realizzazione."*

5 - HANGAR

ALLENAMENTI AL VOLO

Hangar é lo spazio dove ti prepari per i tuoi Viaggi e monitorizzi il loro andamento, in una sorta di allenamento al volo.

I successivi elementi del tuo training, che si possono definire *processi* o *giochi,* queste due parole sono qui usate come sinonimi, ti aiuteranno al rilascio o diminuzione della *resistenza* e più il loro utilizzo sarà ludico e spensierato, quindi *non con un approccio tendente a riparare qualcosa,* meno sarà la presenza della *resistenza.*

Dai una lettura a tutti inizialmente per conoscerli e poi decidi di svolgere quello che vuoi quando senti che é il momento giusto per te.

1. La Scala per il Benessere

2. Il Processo del Sollievo

3. Il Processo dell'Ascolto Interiore

4. Il Quaderno a Colori

5. Il Gioco del Non sarebbe bello se…?

6. Il Gioco del Buonumore

7. Sogni d'Oro

8. Il Gioco della Caccia al Tesoro

9. La Prospettiva di Viaggio

10. Il Panorama Creativo

1. LA SCALA PER IL BENESSERE

Abbiamo detto che le emozioni costituiscono la *Guida* durante il nostro Viaggio. Questo perché più specificamente esse sono l'indicatore della nostra *frequenza vibrazionale*, in grado di farci capire *il grado di allineamento* con la Fonte di Energia. Più ci sentiamo meglio, più saremo allineati.

Vediamo adesso più nel dettaglio i vari gradi della Scala per il Benessere come sono presentati da Abraham.

1. Gioia/Conoscenza/Potere/Libertà/Amore/Apprezzamento
2. Passione
3. Entusiasmo/Desiderio ardente/Contentezza
4. Attesa positiva/Convinzione
5. Ottimismo
6. Speranza
7. Soddisfazione
8. Noia
9. Pessimismo
10. Frustrazione/Irritazione/Impazienza
11. Senso di sopraffazione
12. Delusione
13. Dubbio
14. Preoccupazione
15. Biasimo
16. Scoraggiamento
17. Collera
18. Desiderio di vendetta
19. Odio/Furore
20. Invidia
21. Insicurezza/Colpevolezza/Indegnità
22. Paura/Dolore/Depressione/Disperazione/Impotenza

Come si risale la Scala per il Benessere

Ammettiamo che un evento davvero spiacevole sia accaduto nella vita di una persona e che abbia prodotto un'emozione talmente forte da compromettere la sua serenità al punto tale da instaurare uno stato di *depressione*.

Ci potrebbero essere molti pensieri che attenuerebbero tale stato di difficoltà, ma per il momento, da un punto di vista vibrazionale, questa persona non vi ha accesso.

Tuttavia l'intenzione é quella di stare meglio, ossia di trovare pensieri migliori che producano uno stato d'animo migliore.

Se questa persona é consapevole dell'effetto che i suoi pensieri hanno e cioè delle emozioni che essi producono, allora costui ha buone probabilità di risalire la Scala per il Benessere.

Diciamo che un'altra persona si comporta in modo sgradevole nei confronti del primo individuo che abbiamo detto essere depresso.

Questo atteggiamento produce nella persona depressa un pensiero di *collera* che lo aiuta a focalizzarsi su qualcos'altro e sorprendentemente gli fa percepire un senso di sollievo.

In altre parole, é avvenuto un movimento di risalita nella sua Scala, poiché al senso di soffocamento dato dalla *depressione*, si é sostituito un sentimento migliore dato dalla sua *collera*.

É importante che questa persona ne sia consapevole, perché così sa che oltre al pensiero colmo di *collera* può scegliere un pensiero ancora migliore come la *frustrazione*, per poi continuare a muoversi sulla Scala per il Benessere verso gradini più in alto, passando per *pessimismo* e *noia* e poi accedere a *speranza* e via verso l'*ottimismo*.

Tendere al Benessere

L'esempio precedente ci ha mostrato come l'emozione della collera sia stata utile alla persona depressa.

Certo, non é il caso di rimanere troppo a lungo in quello stato emotivo, l'importante é tendere al Benessere e questo può avvenire quando si scelgono intenzionalmente *pensieri che fanno sentire meglio.*

La persona dell'esempio avrà probabilmente capito che la collera gli ha giovato e forse non tornerà nello stato di depressione, a meno che non giudichi quella sua rabbia come inappropriata, solo perché qualcuno glielo fa notare o perché egli stesso si colpevolizza ritenendo che sia stato un comportamento non appropriato.

La cosa ancora più importante é sapere in che punto della Scala per il Benessere ci si trova, perché così si può comprendere come muoversi al suo interno, e ogni volta che si avranno dei momenti particolari, indipendentemente che ci si senta bene o male, tendere al Benessere per muoversi sulla Scala costituirà il meglio che si possa fare in quel momento.

La persona dell'esempio, provando l'emozione della collera, ha migliorato il suo stato emotivo perché ha contattato il suo potere e quindi ha capito che poteva essere in controllo della situazione, anziché continuare a provare un senso di impotenza dato dal suo stato depressivo.

Muoversi sulla Scala per il Benessere

Alla luce dell'esempio citato finora capiamo quanto sia importante dare attenzione a come ci sentiamo e soprattutto perché le emozioni, unite a quel *senso di sollievo* che scaturisce dai *pensieri che fanno sentire meglio*, costituiscono *l'indicatore* di ciò che stiamo attraendo e quindi che stiamo invitando ad entrare nella nostra vita.

Così, con in mente i *gradini emotivi* della Scala per il Benessere, in sostanza possiamo dire che un'emozione come quella del furore fa sentire meglio dell'impotenza, della depressione e della disperazione; il pessimismo meglio dell'irritazione e la speranza meglio del pessimismo; così come l'ottimismo fa sentire meglio della speranza e l'attesa positiva ancora meglio dell'ottimismo e così via fino a raggiungere entusiasmo e gioia.

Questi esempi ci mostrano anche che la Scala per il Benessere si risale con *gradualità*, poiché trattandosi di *cambi vibrazionali* non si possono compiere balzi troppo distanti tra loro, proprio come se ci trovassimo su una vera e propria

Scala con il rischio di cadere nel vuoto.

Nella nostra Scala per il Benessere se ci trovassimo sul gradino emotivo della *depressione*, non potremmo arrivare con un "solo balzo" alla gioia, poiché la *distanza vibrazionale* tra le due posizioni é troppo alta e quello che finiremmo per percepire sarebbe un senso di fallimento ed impotenza.

Quello che é possibile é invece una *risalita graduale* dove si possono accorciare i tempi di scambio tra un gradino e l'altro, questo perché si é compreso il meccanismo della Scala e come dirigere i propri pensieri.

L'importanza di essere autentici

Si tratta anche di essere sinceri con se stessi capendo esattamente cosa si prova, poiché camuffare le proprie emozioni non servirà a niente.

Inutile coprire qualcosa solo perché non vogliamo vederla, abbiamo la possibilità di cambiare *l'offerta vibrazionale* che emettiamo ed é quella e solo quella che dà origine a come ci sentiamo veramente e a ciò che avviene nella nostra vita.

Più si dà attenzione a qualcosa, scegliendo i nostri pensieri con cura, più rafforziamo l'intensità della sua vibrazione, che inoltre diviene così anche più familiare e facile da praticare.

Quando si comprende che esiste una correlazione tra ciò che pensiamo e proviamo e la sua manifestazione, rammentiamo di essere *Creatori Intenzionali* della propria esperienza di vita.

L'essere consapevoli di questa nostra natura ci viene molto chiaro soprattutto quando riconosciamo di aver prodotto *intenzionalmente un miglioramento*, che possiamo definire anche *cambio di frequenza*, nel nostro umore.

2. IL PROCESSO DEL SOLLIEVO

Questo processo é particolarmente indicato quando ti trovi nelle emozioni simili alla *Collera*, come abbiamo potuto vedere nel capitolo precedente.

Se stai attraversando un momento dove vivi molte emozioni negative, allora questo gioco fa sicuramente per te. Dato che le emozioni negative sono sintomo di resistenza - ciò che si frappone tra te e la realizzazione dei desideri del cuore - il gioco ti potrà aiutare a ridurla.

Questo processo ti aiuterà a comprendere in maniera consapevole la *frequenza vibrazionale* dei tuoi pensieri e per far questo bisogna innanzitutto comprendere che:

> *"Ogni soggetto cui diamo attenzione*
> *contiene in realtà due soggetti:*
> *la presenza di ciò che vogliamo e la sua assenza."*

Questo é fondamentale, perché altrimenti potremmo essere certi di essere focalizzati sulla presenza del nostro desiderio, quando invece siamo concentrati sulla sua mancanza.

Alcune persone credono di essere concentrati sulla presenza dell'amore, quando invece sono focalizzati sull'esatto opposto e questo vale anche per il desiderio di salute, dove desiderando un corpo sano prevale la paura di un corpo malato o nel volere più ricchezza in realtà prevale il pensiero di scarsità.

Molti pensano che sia sufficiente essere focalizzati sull'*argomento* cui tengono di più per poterne attrarre la sua essenza, senza capire veramente qual'é la loro offerta vibrazionale.

Ciò che provi é fondamentale e il *Processo del Sollievo* ti potrà aiutare a divenire *più sensibile* verso le tue sensazioni.

Un esempio del *Processo del Sollievo*

Questo gioco consiste nel formulare i pensieri che gravitano dentro di te riguardo ad una particolare circostanza che ti sta causando qualche difficoltà.

Per essere più preciso nell'identificazione di quello che provi, le prime volte che fai questo esercizio sarebbe bene mettere per iscritto i tuoi pensieri.

"Scrivere aiuta a sentire di più le sensazioni."

Quindi inizia a scrivere ciò che provi riguardo al tema sul quale ti vuoi concentrare. Fai una descrizione di ciò che vivi, ma la cosa più importante é descrivere i tuoi sentimenti, come ti senti all'interno della situazione che stai vivendo.

Poi, scrivi un'altra frase che descriva ancora meglio ciò che provi, per ampliare le tue emozioni.
Questo ti servirà per valutare un possibile miglioramento.

Ammettiamo che nel tuo posto di lavoro ci sia un collega che dal tuo punto di vista non sia molto collaborativo. Nonostante condivida con te mansioni similari ti appare che non si sforzi di essere più disponibile, anzi addirittura sembra quasi che arrivi a metterti i bastoni tra le ruote.

Così puoi scrivere:

- *Il mio collega é un vero scansafatiche.*
- *Non ci pensa proprio a collaborare.*
- *Non gli importa molto di me.*

A questo punto ripeti queste parole dentro di te: *Desidero sentirmi meglio. Voglio formulare pensieri che producano stati d'animo migliori.* Poi scrivi nuove frasi per valutare se é avvenuto un miglioramento oppure no.

Potresti scrivere così:

- *L'atteggiamento del mio collega mi manda su tutte le furie.* (peggio)
- *Dovrebbe rendersi conto che é suo dovere collaborare.* (uguale)
- *É colpa mia se siamo arrivati a questo punto.* (peggio)
- *Una bella collaborazione tra colleghi é una cosa straordinaria.* (un po' meglio)
- *Ha davvero un pessimo carattere.* (peggio)
- *All'inizio pensavo che avremmo potuto lavorare bene insieme.* (uguale)
- *Mi sento a pezzi.* (peggio)
- *Penso dipenda dal fatto che é ancora troppo giovane. (un po' meglio)*
- *Forse non se ne rende conto.* (meglio)
- *Penso che un giorno questa situazione migliorerà.* (meglio)
- *É bello pensare di avere una bella relazione al lavoro.* (meglio)

Qualunque cosa ti venga da scrivere andrà bene, poiché solo tu sai come ti senti in quella data situazione, non ci sono risposte più appropriate di altre.

Una mia amica aveva questa problematica al lavoro e decise di fare il *Processo del Sollievo* per almeno trenta giorni, un periodo necessario quando si vogliono cambiare le abitudini di pensiero.

La cosa bella é che non sono dovuti cambiare i modelli di pensiero e atteggiamento dei colleghi, ma tutto é partito dall'energia che i suoi nuovi pensieri, e quindi vibrazioni, hanno emesso in maniera costante.

Dato che i propri pensieri creano la realtà, la mia amica é stata testimone del fatto che i propri pensieri hanno cambiato il comportamento delle persone che erano intorno a lei ogni giorno.

L'impostazione del *Processo del Sollievo* ci porta a chiederci *Quale pensiero mi fa sentire meglio? Quale pensiero mi da' Sollievo?* e questo si rivela di fondamentale importanza soprattutto quando viviamo qualcosa che non ci piace o abbiamo pensieri che non ci fanno sentire bene, perché l'oggetto dei nostri desideri non si é ancora presentato nella nostra vita.

Certo, quando si desidera con tutto se stessi una relazione e questa non arriva, si rischia di non stare molto bene o magari volere qualcosa che per il momento non possiamo permetterci, ci può indurre a emozioni come la frustrazione o il non sentirsi abbastanza.

Riuscire ad essere allineati con l'essenza di quello che desideriamo ci mette al riparo da stati d'animo non troppo piacevoli e allo stesso tempo ci può far apprezzare meglio il Viaggio verso la loro realizzazione.

3. IL PROCESSO DELL'ASCOLTO INTERIORE

L'*Ascolto Interiore* é la mia definizione di *Meditazione*, poiché dopo un po' che avevo iniziato a praticarla, da un semplice modo per rilassarsi, mi ero reso conto che era la possibilità di entrare più in contatto con l'Ispirazione o Parte Interiore.

Personalmente quello che avviene durante questo Ascolto é la sensazione del flusso dell'Energia, come se dentro di me qualcosa tornasse a respirare in modo migliore e così facendo trovasse un senso di espansione.

Tu facendo la tua esperienza potrai sperimentare sensazioni che appartengono solo a te, dove comunque il fine sarà sempre quello di ottenere una distensione.

Benefici dell'Ascolto Interiore:

• Connessione, entrando maggiormente in contatto con il proprio Sé Interiore, l'Ispirazione appunto.

• Distensione, acquietando la mente quando i pensieri sono troppo caotici.

• Riduzione della *resistenza*.

Quando praticare l'Ascolto Interiore:

• Fondamentalmente sempre.
In qualsiasi *grado emotivo* della Scala per il Benessere ci troviamo, quindi in emozioni che vanno dal gradino più in alto come la Gioia, a quello più in basso della Disperazione - dopo una certa pratica - l'Ascolto Interiore ti aiuterà a rilasciare *resistenza* e innalzare le tue vibrazioni.

<u>Come praticare l'Ascolto Interiore:</u>

- Prenditi uno spazio privato e silenzioso dove niente e nessuno ti possa disturbare e un tempo di 10 o 15 minuti.

- Mettiti comodo, seduto su una poltrona o una sedia, dove ti senti più a tuo agio.

- Concentra la mente su qualcosa che non ti faccia produrre pensieri. Ciò può essere rappresentato dal focalizzarsi sul respiro o magari su un suono della natura, o un suono cosiddetto bianco, tipo il rumore di un ventilatore o di un frigorifero.

- Prenditi il tempo necessario, senza scoraggiarti.
É perfettamente normale che la mente si attivi, essendo molte le cose che passano per la testa ogni giorno. Quindi é bene rimanere sereni e continuare a dirigere la proprio attenzione sul respiro o un suono.

- Cerca di allungare il tuo respiro in modo che sia lento e profondo. Goditi appieno la sensazione dell'aria che entra ed esce dai tuoi polmoni e il senso di espansione che inizierà a prodursi in te.

All'inizio potrebbero essere necessari molti tentativi prima di iniziare a percepire l'effetto dell'*Ascolto Interiore o Meditazione* e quello che dovresti sentire in seguito lo si può definire un senso di distacco fisico.

Potresti arrivare ad avvertire un movimento involontario del tuo corpo: a me, ad esempio, la testa inizia a muoversi da una parte all'altra.

Sensazioni come queste o altre che avvertirai, ti diranno che ti trovi nello stato di *Meditazione*.

Il processo dell'*Ascolto Interiore* riporta il nostro Essere alla vibrazione che é naturale per noi, come quando ascoltiamo musica che ci ispira o passeggiamo in un luogo stupendo.

Praticandolo, non solo ci resterà più facile attuarlo, ma ci aiuterà a capire più velocemente quando non saremo nelle nostre frequenze di benessere, cioè quando avremo pensieri contrastanti o resistenti.

Così produrre pensieri migliori per tornare al nostro stato naturale ci verrà più semplice.

4. IL QUADERNO A COLORI

Questo gioco ti potrà risultare più piacevole ed efficace quando ti troverai nella gamma di emozioni comprese tra *Impazienza* e *Gioia*.

L'esercizio ti potrà essere utile per mantenere la tua carica positiva su aspetti della vita che già ti piacciono, oppure migliorare alcuni ambiti della tua esperienza dove senti che hai qualche resistenza.

Procurati un bel quaderno, uno che é speciale per te. Decora pure la copertina se vuoi in modo da renderlo originale, oppure scrivici solo *Il mio Quaderno a Colori*. Io l'ho definito così perché spesso utilizzo anche i colori a fianco di scritte e schemi ed anche perché attraverso questo gioco si sviluppano emozioni positive, che per me equivalgono a colori, ma tu componilo come meglio ti piace.

Prenditi uno spazio di tempo per dedicarti a questo processo di almeno quindici o venti minuti all'inizio, tanto per prenderci confidenza, poi potrai ridurre i tempi.

Sulla prima pagina del tuo *Quaderno* scrivi il nome di qualcosa o qualcuno che ti piace, che potrebbe essere rappresentato da un luogo che ami, un cibo, un'esperienza oppure un amico o un animale.

Mentre leggi e ti focalizzi su quello hai scritto poniti le domande:

"Perché mi piaci? Cos'é che mi rende felice di te? Perché ti amo così tanto?"

Procedi lentamente lasciando scorrere i pensieri in modo che fluiscano spontaneamente e scrivili nel tuo *Quaderno* come risposte alle tue domande.

Continua focalizzandoti su altri soggetti fino a raggiungere i minuti descritti. Dopo questo tempo ti potrai rendere conto che i pensieri ti arriveranno in maniera più fluida, questo perché hai attivato la vibrazione dell'apprezzamento.

Più praticherai il gioco del *Quaderno*, più si svilupperà in te la vibrazione di Benessere, che diverrà sempre più dominante tanto da influenzare anche gli altri aspetti della tua esperienza di vita.

Porre attenzione a ciò che fa sentire bene

Il processo del *Quaderno a Colori* sviluppa apprezzamento concentrando l'attenzione su ciò che piace e fa stare bene.

Qualcuno potrebbe dire:

"Ma come faccio con quello che non mi piace
e non mi fa stare bene?"

In ogni situazione, anche quelle più positive, ci può sempre essere un aspetto che non piace o non fa sentire bene e il focalizzarsi su di esso comporta il produrre pensieri spiacevoli con emozioni sgradevoli.

Tutto sta a quello cui decidiamo di dare attenzione: potremmo essere così influenzati da ciò che non ci piace e che temiamo entri a far parte della nostra realtà, che di fatto lo invitiamo nella nostra esperienza.

Esiste la tendenza alla preoccupazione, perché così facendo si crede di fronteggiare quelli che sono ritenuti i fatti e così, ignorando di essere Viaggiatori Intenzionali che incontrano ciò cui danno attenzione in maniera deliberata, si amplifica l'attrazione di qualcosa che non piace.

Sintetizziamo questo concetto qui di seguito.

Potremmo dire:
*"Se faccio questa particolare cosa che mi piace,
può avvenire che si realizzi."*
Sono *ispirato* da un approccio positivo.

Invece dicendo:
*"Devo fare qualcosa,
altrimenti qualcosa di spiacevole si verificherà."*
Sono *motivato* da un approccio negativo.

Dato che non é possibile concentrarsi su più di un pensiero alla volta e focalizzandosi su quello che piace e fa sentire bene si attiva energia e attrazione positiva, viene da dire che il proprio scopo dovrebbe essere solo quello di mantenere e migliorare il proprio flusso energetico di gioia.

5. IL GIOCO DEL NON SAREBBE BELLO SE...?

Questo gioco é ottimo quando ci si vuole sollevare da un senso di *Scoraggiamento* per sviluppare *Attesa Positiva*.

In genere quando si pensa a ciò che vogliamo si potrebbe dire:

"Desidero che ciò che voglio si realizzi!"

Così dicendo si potrebbe pensare di provare un senso di determinazione, ma dal punto di vista vibrazionale gli stiamo opponendo una certa resistenza.

Lo scopo del gioco é quindi riuscire a:

Neutralizzare quella parte di resistenza,
che soggiace dentro quei pensieri o frasi che risentono
dello scoraggiamento di non vedere ancora il desiderio
manifestato nella propria realtà.

Così adesso proviamo a riformulare la citazione di prima attraverso il gioco, ascoltando bene il cambio di frequenza:

"Non sarebbe bello se... quello che voglio giungesse fino a me?"

L'approccio é divenuto dolce e rilassato, quasi come se stessimo formulando un pensiero riguardo a qualcosa di fiabesco.

Questa é la migliore attitudine poiché la propria energia si orienta naturalmente verso il nostro desiderio, in modo naturale e spontaneo.

Possiamo utilizzare la formula del gioco per ogni aspetto della nostro esperienza di vita.

Per esempio, potremmo dire:

Non sarebbe bello se… passassi una giornata splendida al lavoro?

Non sarebbe bello se… incontrassi un partner che mi ama quanto io l'amo?

Non sarebbe bello se… i sogni che ho con me da tempo si avverassero?

Per ognuna di queste frasi potrebbe intervenire in noi una reazione razionale portandoci a dire: *Beh, é da tempo che desidero questa cosa… forse non sono in grado di realizzarla, altrimenti sarebbe già accaduta.*

Così dicendo é come se stessimo inserendo una contraddizione nella nostra frequenza del desiderio, che invece attraverso il Gioco del Non sarebbe bello se…? molta di quella resistenza scompare.

6. IL GIOCO DEL BUONUMORE

Come dice il titolo questo processo serve ad aumentare la carica positiva in noi.

Il Gioco del Buonumore lo si può utilizzare più facilmente quando ci troviamo nelle emozioni comprese tra *Gioia* e *Ottimismo* per migliorare uno stato d'animo già di per sé buono, ma anche per prevenire la produzione di pensieri potenzialmente negativi, quando ci accorgiamo che qualcosa a cui assistiamo ci sta portando su quella strada.

É un processo che si può fare ovunque, perché lo si attua mediante la produzione di pensieri nella mente. Potendoli scrivere risulta ancora più efficace, ma va bene anche solo pensarli.

Inizia il processo osservando intorno a te per cercare una cosa che ti piace, che ti fa stare bene e suscita in te buonumore.

Continua concentrandoti sulla sensazione piacevole che questa cosa produce, dicendo quanto sia bella e stupenda.

Così facendo puoi sentire come le sensazioni positive in te aumentino.

Prendi coscienza di questo miglioramento e apprezzalo, e poi quando senti che la sensazione piacevole si é consolidata dentro di te, focalizza la tua attenzione su un altro oggetto.

Il fine é aumentare la *vibrazione* così da eliminare la resistenza, ma se praticando il processo senti di non riuscirvi e non si producono aumenti di *Buonumore*, smetti e passa ad un altro processo che ti risulti più facile.

Vediamo nella pagina successiva alcuni esempi de *Il Gioco del Buonumore.*

Ti trovi al supermercato:

- *Questo negozio é organizzato molto bene.*

- *Mi piace come tengono in ordine.*

- *Mi fa piacere che sia così pulito.*

- *I commessi sono molto gentili.*

- *Amo venire qui a fare la spesa.*

Uscendo dal supermercato:

- *Sono felice delle cose che ho comprato.*

- *Non vedo l'ora di cucinare questi cibi stupendi.*

- *Il tempo passato nel supermercato é stato meraviglioso.*

- *É bello tornare a casa con la mia auto.*

- *La mia auto mi piace molto.*

Tornando a casa:

- *É bello avere una vettura così efficiente.*

- *Si scorre molto bene in strada oggi.*

- *Il panorama che si gode dal finestrino é meraviglioso.*

- *Sono felice di tornare a casa.*

- *Adoro passare la serata in famiglia.*

Più ti dedichi a trovare cose piacevoli che stimolino il tuo Buonumore più troverai elementi da apprezzare, poiché per la *Teoria dell'Incontro,* la *Legge dell'Attrazione* ti porterà verso di loro e loro verso te.

7. SOGNI D'ORO

Molti dei contenuti presentati in questo volume trovano una corrispondenza con i giochi e gli episodi della collana di libri illustrati per bambini *I Viaggi di Palloncino* pubblicati da me ed Helen.

Ne é un esempio questo paragrafo, che in parte riprende il concetto dell'episodio *n.8 Dolce riposo,* che offre la possibilità di sperimentare un sonno il più pacifico possibile.

Anche questa sezione, denominata *Sogni d'Oro,* ha a che vedere con il riposo notturno, dove il concetto é chiaramente ampliato per approfondire il senso e il valore che hanno i sogni.

Niente viene a caso

C'é sempre una correlazione vibrazionale tra l'essenza cui si é pensato e il suo manifestarsi nella vita. Via via che si diviene più consci di questo concetto, si può iniziare a mettere in relazione quello che accade con ciò cui si é pensato.

In altre parole, qualunque cosa entri nella nostra esperienza ce l'abbiamo messa noi e questo vale anche per i sogni, anzi al loro interno avviene una manifestazione ancora più precoce della nostra offerta vibrazionale.

"I sogni sono correlati ai nostri pensieri."

Quindi, per ricevere preziose informazioni dai nostri sogni, poiché costituiscono il riflesso delle nostre vibrazioni dominanti, possiamo andare a letto dicendoci: *"Voglio dormire bene stanotte e fare Sogni d'Oro e domattina desidero ricordare l'essenza di ciò che ho sognato."*

Con in mente queste parole ci addormentiamo e al nostro risveglio aspetteremo qualche momento per far riaffiorare il ricordo dei sogni, che potranno poi arrivare anche durante la giornata.

Abbiamo detto di voler ricordare l'*essenza*, poiché l'importante, aldilà di troppi dettagli, é come quel particolare sogno ci ha fatto *sentire*, quale emozioni ha suscitato in noi.

La sensazione che il sogno ci ha lasciato riguarda la vibrazione dominante in quel momento, ciò a cui stiamo rivolgendo i nostri pensieri con maggiore intensità.

Se sarà piacevole possiamo continuare a gustarci tutte le emozioni che il ricordo del sogno ci trasmette, se invece il contenuto e la sua essenza sono tutt'altro che gradevoli, possiamo intanto *apprezzare* il fatto che é possibile rendersi conto, mediante ciò che si prova, di cosa sta avvenendo in noi e direzionare di nuovo i pensieri verso qualcosa di migliore.

> *"Il sogno non manifesta,*
> *ma ci mostra cosa stiamo manifestando nella vita*
> *con i nostri pensieri."* Abraham

La notte porta consiglio

Nella notte la nostra Coscienza si ricongiunge con il Piano Non Fisico e ha delle interazioni a livello vibrazionale che poi vengono tradotte sul Piano Fisico al nostro risveglio.

Da questi colloqui, l'Ispirazione, la Parte di Luce Interiore, può inviarci stimoli ed immagini che possono aiutarci a vedere i nostri desideri in sogno *avverarsi,* in modo che si possa attenuare una resistenza che abbiamo maturato e che ci preclude di avanzare liberamente verso ciò che vogliamo.

Ma l'Ispirazione ci può aiutare anche a renderci conto che stiamo avendo troppi pensieri di preoccupazione riguardo una certa situazione e così ci invia sogni che ci mostrano il nostro operato.

A quel punto possiamo riconoscere meglio se vogliamo continuare a creare l'essenza di quella situazione con preoccupazione dicendoci:

> *"É davvero così che intendo condurre questa esperienza?"*
> *"Quindi, che cosa voglio?"*

In questo modo indirizziamo i pensieri verso qualcosa di migliore in grado di farci intravedere nuovi scenari, più sereni e appaganti.

8. IL GIOCO DELLA CACCIA AL TESORO

Questo Gioco é utile per comprendere quelle situazioni dove sta avvenendo qualcosa di inaspettato e ci si deve aprire a una nuova direzione che non risulta chiara.

Ciò che accade avviene sempre per una corrispondenza vibrazionale, quindi ci riguarda sempre.

Il fatto é che a volte potrebbe colpirci di sorpresa.

Segmenti di Vita

Per illustrarti il Gioco ti presenterò due esempi della mia esperienza: *Segmento di Vita 1 e 2*, ossia momenti significativi dove é avvenuto qualcosa di importante.

Non mi soffermerò tanto sui processi quanto sui passaggi tra le esperienze/esempi.

Tesori lungo il percorso

Questo Gioco invita a vivere l'esperienza di vita come un Viaggio, dove ad ogni tappa é possibile scoprire qualcosa di più che consente di avanzare nella ricerca.

É un invito a tenersi pronti a cogliere i tesori nel breve e lungo periodo, poiché durante i percorsi verso ciò che desideriamo si vive una Crescita e un'Evoluzione.

I tesori sono rappresentati dalla bellezza di riconoscersi Co-Creatori della propria esperienza di vita insieme alla *Fonte di Benessere*, per essere sempre più consapevoli della corrispondenza vibrazionale tra i pensieri, quello cui diamo attenzione e focalizziamo, e ciò che avviene nella vita.

Il tesoro é anche la Gioia che si prova perseguendo quello che piace, ma anche il sapere di non essere soli, poiché l'*Ispirazione*, la nostra *Parte di Luce*, é sempre con noi per illuminare il nostro cammino e guidarci verso quello che é in risonanza con i nostri desideri.

Un divenire consapevoli

Qualora non fossimo ancora esperti della presenza di un'Energia Pura e Positiva che vuole il meglio per noi, potremmo vivere momenti di difficoltà perché non riusciamo a capire come mai ci sia successa una certa cosa.

All'inizio del mio Viaggio non ero molto consapevole dei concetti della *Caccia al Tesoro* e così inizialmente, pur seguendo inconsciamente la mia Evoluzione, ho vissuto momenti dove mi sono sentito perso poiché credevo di essere fuori strada, quando invece non era così.

Quello che voglio dirti é che innanzitutto il *Gioco della Caccia al Tesoro* é destinato a continuare con nuove scoperte e che anche quando qualcosa sembra incomprensibile, prima o poi avrà senso, perché l'*Ispirazione* ha già tutte le risposte pronte e te ne potrai rendere conto.

Certo, a volte é richiesta una comprensione della situazione, ma con un po' di osservazione tutto diviene chiaro e attraverso la pratica delle *Basi di Volo* é possibile divenire sempre più consapevoli del Viaggio che si sta vivendo.

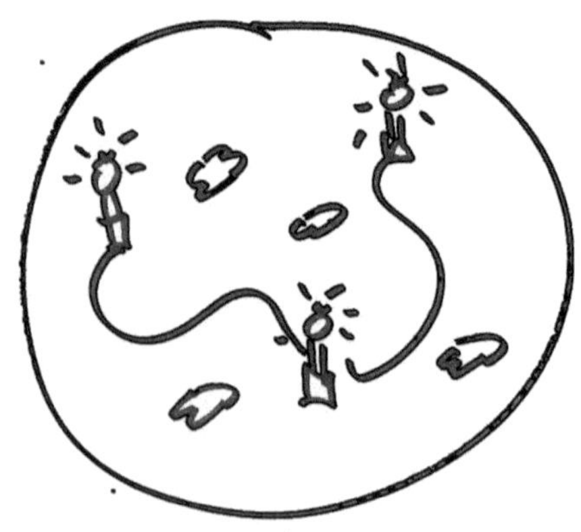

Elementi del Gioco della Caccia al Tesoro

Gli elementi sono costituiti dai *Segmenti di Vita* che al loro interno contengono:

* 1) *La Circostanza*: l'esperienza di vita che desideravo che poi crea il presupposto per il Cambiamento, ossia una Crescita/Evoluzione.

* 2) *Il Biglietto*: un messaggio metaforico che indica una Nuova Via/Cambiamento (l'equivalente dei biglietti che si usano nelle Cacce al Tesoro che portano avanti nel gioco).

* *3) L'Avanzamento*: la Nuova Situazione che si é generata dal Cambiamento, ma sempre in linea con i propri desideri.

Segmento di Vita 1

* 1) *La Circostanza*: All'età di vent'anni, poco dopo essere entrato a lavorare nel ristorante di famiglia, cosa che avevo desiderato da sempre, mi domandavo perché mi sentissi strano e dubitassi di quel desiderio che sembrava non soddisfare più le mie aspettative.

Mi sentivo bloccato e non riuscivo ad andare avanti con qualcosa che avesse per me significato.

Non sapevo cosa fare perché non riuscivo ad immaginare altro al di fuori della realtà e identità che avevo costruito fino a quel momento.

* 2) *Il Biglietto*: Non lo sapevo ancora, ma avevo ricevuto dalla vita, per dirla in termini del *Gioco della Caccia al Tesoro*, come un *Biglietto* con su scritto: *Hai trovato quello che*

cercavi, prova ora a trovare qualcos'altro che desideri…
Non capendo, come dire non *decifrando* il messaggio, finii per rinchiudermi in uno stato d'animo e un periodo per me molto difficile.

- 3) *L'Avanzamento*: L'Ispirazione era presente in me già allora, chiaramente, e appena mi fu possibile ascoltarla mi ispirò conducendomi verso la nuova tappa della Caccia al Tesoro: un nuovo lavoro in un nuovo luogo, Pistoia, dove per alcuni anni sperimentai un tempo di Crescita/Evoluzione propedeutico al successivo passaggio, ossia verso una Nuova Identità, qualcosa che, come era già avvenuto per la passione per la cucina e la pasticceria, si era già presentata anch'essa in tenera età: parlare all'Anima delle persone.

Segmento di Vita 2

Più recentemente, quando ho iniziato a scoprire l'Ispirazione all'interno di nuovi percorsi e scelte che hanno popolato la mia esperienza di vita, a quel punto ho iniziato a decifrare meglio i messaggi della mia *Caccia al Tesoro*, sviluppando un'attitudine che guarda avanti, come alle scoperte successive caratteristiche di una *Caccia al Tesoro*.

- 1) *La Circostanza*: In seguito a sensazioni ed impulsi ricevuti dall'*Ispirazione*, dopo aver raggiunto la cittadina medioevale di San Gimignano ed essermi stabilito lì, vivendo in una casa colonica in cima ad un Colle e con uno studio a Siena, tutto sembra bloccarsi.

- 2) *Il Biglietto*: Questa volta sono io che mi chiedo: *Cosa arriva adesso?* come dire *Cosa significa questo momento nella mia esistenza, nella mia Caccia al Tesoro?*

• *3) L'Avanzamento*: Il momento fu impegnativo, ma avevo acquistato consapevolezza rispetto al precedente *Segmento* e di lì a poco scaturì una nuova destinazione, Città delle Pieve in Umbria, anch'essa ispirata, che non avevo rammentato subito e che anche in quella circostanza mi portò a vivere una magnifica quanto significativa esperienza, sviluppando nuove fantastiche idee, tra cui la nascita de *I Viaggi di Palloncino*.

Riassumiamo i *Segmenti di Vita 1 e 2*

Segmento 1

• 1) <u>Circostanza</u>: Ristorante di famiglia - Non voglio più lavorare lì - Crisi.

• 2) <u>Biglietto</u>: *Hai trovato quello che cercavi, prova ora a trovare qualcos'altro che desideri...*

• *3) L'Avanzamento*: Cambiamento - Nuovo luogo Pistoia - Crescita/Evoluzione - Verso la mia Nuova Identità.

Segmento 2

• 1) <u>Circostanza</u>: San Gimignano - Studio - Blocco.

• 2) <u>Biglietto</u>: *Cosa arriva adesso? Cosa significa questo momento nella mia esistenza, nella mia Caccia al Tesoro?*

• *3) L'Avanzamento*: Cambiamento - Nuovo luogo: Città della Pieve - Crescita/Evoluzione - Sviluppo Nuove Idee.

Disegno/Diagramma del *Gioco della Caccia al Tesoro*

Tutto é connesso

La cosa fantastica é che gli esempi che ti ho presentato, cioè i Segmenti di Vita con le loro particolarità, sono tutti collegati tra loro.

Dopo il periodo di *incubazione* vissuto a Pistoia, durato in tutto tredici anni, ci fu San Gimignano, dove venne fuori la mia Nuova Identità.

In tutto quel tempo l'*Ispirazione*, la *Parte di Luce Interiore* che ci conosce molto bene, ha continuato a condurmi attraverso esperienze di ogni tipo, tutte propedeutiche al Grande Salto verso la mia Nuova Identità, per comprendere appieno il desiderio nutrito fin dalla tenera età: parlare all'Anima delle persone.

Con questo voglio dirti che ho capito di poter contare sul sostegno dell'*Ispirazione*, espressione dell'*Energia Pura e Positiva* da cui proveniamo e siamo parte, una Forza Universale dove ogni desiderio é accolto e organizzato al meglio affinché si presenti nella vita al momento giusto.

Come puoi giocare al *Gioco della Caccia al Tesoro*

Questo paragrafo desidera infondere *Fiducia* per intravedere qualcosa di nuovo che arriva, soprattutto quando non si hanno tutte le risposte a disposizione e qualcosa di importante sta avvenendo nella propria vita.

Per esperienza ho potuto vedere che proprio le cose che più contano per noi sono quelle che possono portare le maggiori difficoltà, ma al loro interno ci sono anche le possibilità di Crescita/Evoluzione più grandi, che conducono a Gioia/Soddisfazione/Realizzazione.

Dunque se anche tu ti trovi a vivere un momento particolare, simile agli esempi che ti ho presentato, potrebbe essere anche non così intenso, comunque dove senti che il

Gioco della Caccia al Tesoro può portarti chiarezza, puoi:

- Avere chiara la <u>*Circostanza*</u> in cui ti trovi. Puoi fare una descrizione, uno schema o un disegno/diagramma (esempio pagina precedente). Nel mio caso si é sempre trattato di Un Desiderio Realizzato - Una Crisi - Un Cambiamento.

- Formula un <u>*Biglietto*</u>, quindi un messaggio simile a: *Hai trovato quello che cercavi, prova ora a trovare qualcos'altro che desideri...*

- Aspettati un <u>*Avanzamento*</u>, quindi un Cambiamento - Crescita/Evoluzione - Delle Novità.

Puoi servirti di uno o più Processi enunciati in questo manuale per supportarti se senti che ne hai bisogno, comunque la cosa importante é che il *Gioco della Caccia al Tesoro* ti porti a pensare come pensa l'*Ispirazione*, ossia che ci sono cose e situazioni pronte per te ancora da vivere e che fanno al caso tuo.

Nel caso del mio *Segmento di Vita 1*, per uscire dalla mia *Circostanza di Crisi* impiegai ben due anni.

Non sapendo più chi fossi, mi avviai ad un lento declino che culminò un giorno in cui credevo che non ce l'avrei più fatta ad andare avanti. Così mi chiusi in una stanza e idealmente salutai tutti, pensando che non li avrei più rivisti.

Ma questo produsse una sorta di incantesimo e quando uscii dalla stanza ero un altra persona, uno che riusciva ad intravedere qualcos'altro, utile e adatto per quello che poi sarebbe arrivato dopo.

9. LA PROSPETTIVA DI VIAGGIO

In questo nuovo manuale la modalità di tenere il Diario di Bordo diviene una *Prospettiva di Viaggio*.

Questa si compone di due parti:

Mappatura e Colpi di Scena

MAPPATURA

Se nel primo manuale avevo consigliato di porre attenzione a quelli che potevano essere gli eventi particolari e significativi del tuo viaggio, insieme all'identificazione delle varie fasi di flusso, cosa che puoi sempre fare se ti fa piacere, adesso voglio consigliarti un nuovo Diario di Bordo che consiste nel delineare una *Mappatura* che fornisca una *Prospettiva di Viaggio*. Io mi servo in genere anche di disegni.

La *Mappatura* si compone di tre parti:

- Dove ti trovavi prima di essere qui.
- Dove ti trovi ora.
- Dove stai andando.

In pratica é come dire: Passato, Presente, Futuro.

Questo serve a tracciare i cambiamenti che potrai vivere all'interno del tuo viaggio verso quello che desideri, potranno essere piccoli o grandi, più o meno significativi, potranno riguardare emozioni e pensieri che cambiano, ma anche luoghi, cambiamenti di lavoro, relazioni e tutto quello che si trova nei desideri e nelle richieste che hai espresso.

L'idea é quella di mettere gli elementi in una Prospettiva che ti servirà a tracciare meglio i cambiamenti che stai vivendo.

Quando si desidera qualcosa, che sia per una situazione che non ci fa piacere o un'altra che ci piace di più e verso la quale vogliamo andare, si mette in moto un processo e se decidiamo di viverlo, lasciandocene trasportare, le evoluzioni che inevitabilmente si produrranno, tracceranno un viaggio, talvolta solo interiore, altre volte anche esteriore, ma comunque sarà sempre qualcosa che risponde a cambi di vibrazione che avverranno in te e che si tradurranno in nuove realtà.

L'illustrazione in questa pagina mostra 3 elementi: la Casa nel paese d'origine, la Casa del Chianti e la Casa di Lugano.

Si tratta della Prospettiva da me disegnata in un particolare momento dove, a seguito di stati d'animo ispirati, avevo sentito che volevo lasciare la casa del paese d'origine per recarmi in Svizzera, a Lugano.

Prima di far questo avevo tentato di vedere se potevo andare a Lugano senza dover vendere la casa d'origine.

Questi tentativi non trovavano sbocco pratico, fino a che, in seguito a nuove delucidazioni, esperienze e ispirazioni, sentii che il mio desiderio era quello di lasciare il mio paese d'origine, mettendo in vendita la casa. Poco dopo questa decisione arrivò la possibilità di vivere in una casa colonica nel Chianti.

Fu la dimora perfetta che fornì il tempo necessario per vendere la casa nel paese d'origine e poi partire per Lugano, portando là un nuovo me che era divenuto più pronto per nuove esperienze, scoperte ed evoluzioni, nonché cambiamenti, che si rivelarono significativi.

Le storie dettagliate delle mie esperienze le puoi trovare nei libri della Serie *I Viaggi di Lorenzo*.

COLPI DI SCENA

La storia descritta nel paragrafo precedente, base per la nostra Prospettiva di Viaggio, fornisce un valido esempio per andare a collocare il Colpo di Scena avvenuto in quella particolare tratta di viaggio.

Di tanto in tanto, quando nel viaggio mi sono trovato a fare nuove scelte, sentendo che qualcosa era cambiato e dove il nuovo voleva emergere, mi aspettavo (e mi aspetto ancora) un *Colpo di Scena*, qualcosa di veramente unico che facesse vedere bene, in maniera inequivocabile, la nuova tratta da percorrere, in linea con l'essenza del desiderio o della realizzazione del momento.

I *Colpi di Scena* sono quegli avvenimenti che aiutano a dare non solo un nuovo significato a quelle nuove traiettorie che si stanno delineando o intraprendendo, ma fanno anche capire che l'Ispirazione ricevuta dalla Parte Interiore di Luce o l'azione ispirata che si era presa, era davvero giusta.

Se vedi che succedono anche a te, trascriverli nel tuo Diario di Bordo sarà importante, perché contribuiranno allo comprensione del tuo percorso di viaggio ed anche perché ho potuto notare che i Colpi di Scena si collegano tra loro ed hanno quindi una spiegazione molto importante.

Colpi di Scena come Sincronicità

Il *Colpo di Scena* é un termine teatrale che io utilizzo dato che ho fatto un po' di teatro.

É un mio modo di parlare delle *Sincronicità* e lo uso quando gli eventi che accadono sono davvero spettacolari, in presenza di situazioni straordinarie che avvengono con tempismo e che risultano essere poi delle coincidenze significative.

Qui di seguito, ne descrivo le particolarità riferite a quella esperienza collegata alla Svizzera.

Caratteristiche del Colpo di Scena

Le parti che compongono un *cambiamento straordinario* e che entrano in scena aiutando a scatenare il Colpo di Scena del momento, sono:

- **1) Un'ispirazione ricevuta**: può essere costituita da un'idea, un impulso o un suggerimento avvertito dentro di noi.

- **2) Un evento particolare**: può arrivare dall'esterno, ad esempio qualcuno che ci riferisce o propone qualcosa.

- **3) Un'azione ispirata:** ci siamo sentiti di compiere una certa azione in connessione alla nostra Parte di Luce.

Vediamo dove sono collocate le varie parti della storia nel viaggio verso Lugano, poi anche come si legano tra di loro ed infine il significato finale dentro quel momento particolare, inserito comunque all'interno del viaggio più grande della vita.

1) L'ispirazione ricevuta

É l'idea, costituita anche da impulsi e sensazioni particolari, di recarmi a Lugano, che fuoriuscì da dentro di me quando mi trovavo ancora in Australia con Helen.

Si trattò di un'ispirazione classica e meravigliosa, sgorgata spontaneamente dalla Parte Interiore di Luce, poiché appena Helen mi confidò che sentiva che un cerchio si era come concluso per lei lì in Australia, io le risposi immediatamente: *Allora andiamo a Lugano.*

Le parole stesse di Helen erano ispirate, poiché non aveva potuto fare a meno di comunicarmi quel suo pensiero, consapevole del fatto che il dirle avrebbe potuto comportare un qualche tipo di cambiamento.

Questo poteva essere da attribuire al timore di lasciare l'Australia da parte mia, eppure, nel periodo precedente queste dichiarazioni, io stavo dicendo che mi trovavo bene in Australia e che volevo rimanerci.

"Ma l'Ispirazione é fatta così,
comunica da un Piano Divino
e riesce a vedere più in là della comune razionalità."

C'erano delle evoluzioni in Helen e in me che si erano compiute e altre che dovevano compiersi e dalla nostra Parte di Luce arrivavano i suggerimenti per le nuove rotte da intraprendere.

2) L'evento particolare

É stata la possibilità di andare a vivere nella casa colonica del Chianti.

Questa opportunità arrivò da un amico, il quale mi disse che una coppia di suoi clienti Australiani, a cui aveva venduto una proprietà nel Chianti, stava cercando qualcuno che abitasse lì perché loro venivano solo per un paio di mesi all'anno. Dopo che espressi interesse per la possibilità, il mio amico fece il possibile per mettermi nella lista dei candidati.

I coniugi Australiani erano però divisi sulla questione: il marito favorevole, perché dopotutto ero una persona conosciuta e raccomandata dal loro agente immobiliare, mentre la moglie si diceva contraria, perché quella conoscenza la metteva in soggezione.

Tuttavia la coppia fece la cortesia di invitarmi per un colloquio, che mi aiutò a piazzarmi terzo nella lista dei pretendenti. Si, terzo su una lista di tre persone.

I coniugi avevano effettuato una bella scrematura dal gruppo nutrito di persone che era stato presentato loro. Dai tre colloqui sostenuti fu scelta una coppia, che sulla carta sembrava essere perfetta, la quale però, il giorno successivo l'incontro, si ritirò, perché aveva ricevuto un'offerta imperdibile.

Così la coppia fu costretta a scegliere i secondi sulla lista, che comunque erano sembrati affidabili. Ma dopo pochi mesi gli Australiani si dovettero ricredere sulla scelta compiuta e a quel punto fui ricontattato: prima per sapere se fossi sempre interessato e dopo per ricevere l'invito di trasferirmi al Casale.

Nel periodo di tempo intercorso fra il primo e il secondo contatto con gli Australiani ebbi l'opportunità di vivere delle esperienze, che mi consentirono di mettere a fuoco delle scelte importanti e propedeutiche per ciò che avvenne a Lugano.

3) L'azione ispirata

É stata la decisione di mettere in vendita la casa del paese d'origine.

Una volta rientrato dall'Australia mi chiedevo dove avrei potuto vivere. Avevo sempre in mente Lugano, ma nel momento non sembrava concretizzarsi. Dopo non molto giunse la casa nel paese d'origine come donazione da mia madre. Provai a viverci per qualche tempo, non doveva essere difficile, in fondo era una casa dove avevano abitato i miei nonni e dove potevo attingere a tanti ricordi. Avevo anche già vissuto nel paese d'origine alcuni anni nel precedente matrimonio e conoscevo molto di quel posto, insomma ero pratico.

Quello che non conoscevo era il nuovo me, che in quel momento si affacciava su quella realtà con occhi nuovi e il sentimento che avevo dentro, quando pensavo che avrei continuato a vivere lì, era un ottundimento, dove una naturale vivacità gradualmente si affievoliva.

Nel frattempo ero stato ricontattato per sapere se fossi sempre interessato alla colonica nel Chianti, ma la conversazione non era andata avanti, dato che i proprietari non sapevano ancora come congedare l'attuale coppia che si era poi rivelata molto diversa da come si era presentata.

Di lì a poco vissi una brevissima esperienza di una settimana come cuoco, alla fine della quale mi arrivò chiara la sensazione di non voler più fare quel mestiere, insieme alla decisione di mettere in vendita la casa del paese d'origine. Avvenne una sera tardi, mentre ero in macchina e tornavo a casa. Il giorno dopo informai i familiari, che chiaramente ne furono dispiaciuti.

Potei accorgermi subito che la mia scelta era ispirata, perché due giorni dopo ricevetti un'offerta significativa per una breve esperienza come agente immobiliare - foriera di magnifiche ispirazioni che hanno spalancato le porte a un nuovo filone in un campo ancora per me inesplorato - e quando stava quasi per terminare, ricevetti l'invito a trasferirmi nel casale del Chianti.

Rimasi lì per due anni, finché un giorno giunse l'ispirazione giusta che poi mi portò ad andare a Lugano, in Svizzera.

Tra l'altro nel Chianti iniziai a sviluppare quelle idee ispirate e meravigliose che mi erano arrivate durante quella breve esperienza come agente immobiliare: un nuovo mondo cominciò a prendere forma, aprendo nuovi ed entusiasmanti scenari.

Dunque, riassumendo:

- 1) **<u>L'ispirazione ricevuta</u>** di recarmi a Lugano innesca un meccanismo.

- 2) **<u>L'evento particolare</u>** del Chianti inizia a prendere forma quando realizzo che voglio vendere la casa nel paese d'origine.

- **3) L'azione ispirata** intrapresa per vendere la casa genera la possibilità di recarmi nel Chianti, dove ho uno spazio vitale migliore che mi consente di sviluppare i nuovi fantastici progetti arrivati poco prima, avere il tempo per vendere la casa e prepararmi per il viaggio in Svizzera.

Tutti gli aspetti sopra citati producono dentro di me *cambiamenti straordinari* e si possono considerare già Colpi di Scena in sé per sé, se non fosse che a Lugano avviene una ulteriore grande evoluzione, che fornisce la spiegazione per tutti i passaggi avvenuti fino a quel momento: il distacco dall'identità della famiglia d'origine, che chiaramente non vuol dire separazione dagli affetti, tutt'altro.

Per fare questo c'era bisogno di arrivare a Lugano con tutto quel bagaglio di conoscenza, costituito dall'essere ripassato da un ambiente familiare e avere avuto il tempo di realizzare che non desideravo più stare lì: una volta in Svizzera sono stato in grado di comprenderlo pienamente e lasciarlo andare, per evolvere e riaprirmi al mondo con una consapevolezza del tutto nuova e mai sperimentata prima di allora.

Ogni scelta ed azione,
quando sono ispirate, sono frutto
della nostra Parte Interiore di Luce,
in grado di coordinare al meglio
le nostre rotte di viaggio,
verso tutto quello che é
significativo per noi.

10. IL PANORAMA CREATIVO

Questo gioco aiuta a sviluppare fiducia e buone sensazioni riguardo al proprio Viaggio.

É bene farlo quando ci si trova già in uno stato emotivo piacevole e si vuole incrementare tale stato evocando i pensieri e le immagini riguardanti l'essenza di ciò che vogliamo.

"Il Panorama Creativo é quello
che vogliamo vedere e incontrare nel Viaggio."

Ricordati sempre che il soggetto del tuo desiderio é in realtà composto da due soggetti, ossia la sua *presenza* o la sua *assenza*, che qui potremmo anche dire:

"Quanto credo che il mio desiderio
ci sia o non ci sia?"

Da questo dipende il grado di gioia e soddisfazione che potrai ricevere perseguendo il Viaggio verso la realizzazione dei tuoi desideri.

Infatti, potresti condurre dei bellissimi laboratori facendo il *Gioco del Panorama Creativo*, perché stimolerai la tua immaginazione fino a evocare immagini e pensieri che contengono le vibrazioni dei tuoi desideri, ma al termine del processo potresti uscire da questo stato emotivo e dire:

"Perché non sono ancora dove voglio essere?"

In altre parole, *tornando* alla realtà della vita potresti concludere che la realizzazione del tuo desiderio ti sta prendendo troppo tempo, ti sta portando a sentire frustrazione e la stanchezza sta rischiando di prendere il sopravvento e via dicendo…

Ti capisco, desiderare intensamente qualcosa e perdere la fiducia e la speranza che questo avvenga, é davvero una esperienza intensa.

Riportarsi su *Caratteri* di tipo *Generale*

Se da un lato, i desideri che richiamano in noi più passione, e quindi forza attrattiva in grado di manifestare l'essenza di ciò che vogliamo, hanno più possibilità di accelerare il processo di manifestazione, da un altro, possono produrre in noi più pressioni riguardo alla voglia, e talvolta alla necessità, che ciò si manifesti nella nostra vita, facendoci vivere delle difficoltà.

In questi casi é bene portare la propria attenzione verso qualcosa di *Carattere Generale*, producendo pensieri che non richiamino il tipo di emozioni che mettano a rischio una bella esperienza come quella che il *Panorama Creativo* può offrire. Quindi, se senti difficoltà, puoi dire:

"Beh, oggi é una bella giornata in fondo."
"Stasera mi prefiggo di mangiare qualcosa di veramente buono per cena."
"Questo fine settimana andrò sicuramente a vedere quel film che mi piaceva tanto."

In sostanza non stai abbandonando il tuo desiderio, ma cerchi soltanto di ritrovare *leggerezza*, in modo da riportare le tue vibrazioni più in tuo controllo.

Si tratta solo di produrre pensieri che attivino altri tipi di vibrazioni, più alla portata e facili da gestire, perché si basano su qualcosa a cui é naturale credere, in quanto immediatamente attuabili.

Non si tratta di riparare una situazione

La cosa fondamentale é spingere i propri pensieri verso vibrazioni nuove.

Infatti, per ovviare a difficoltà che si possono incontrare, se dicessi:

"Posso farcela, so che sono forte e quello che voglio entrerà nella mia vita."
"Tutto andrà bene e questa situazione si risolverà."

Così facendo ti riporteresti su quello che ha generato il tuo desiderio e le vibrazioni emesse saranno di riparo a una situazione di difficoltà.

La bellezza di imparare a dirigere il pensiero consiste proprio nel sentire di essere liberi di formulare i migliori pensieri riguardo a quello che si desidera.

Stimolare una visione serena e gioiosa

Dunque, come dicevamo prima, *il Panorama Creativo é quello che vogliamo vedere e incontrare nel Viaggio,* a cui si affianca, come abbiamo visto, l'importanza della fiducia.

Ma ancora più determinante é la possibilità di vivere il gioco con serenità e gioia, vivendo la *Visione del tuo Panorama* per quello che ti sta comunicando, senza aspettative, poiché:

"Ciò che vivi all'interno dello spazio del gioco
é già una manifestazione del tuo desiderio."

Apprezza le sensazioni che ti comunicano le immagini che ti arrivano da tale processo, in questo modo puoi attingere al desiderio vivendo la sua essenza.

Il giusto orientamento

Prima di *partire* per il tuo *Viaggio Virtuale* che ti porterà a godere della *vista* del tuo *Panorama*, ricordati anche che talvolta si é portati a pensare e immaginare *come* e *quando* il nostro desiderio si manifesterà e in genere, non avendo risposte precise, questa attitudine di pensiero porta a un *disorientamento*.

Poter conoscere i dettagli e le modalità di come si manifesterà il desiderio potrebbe certamente aiutare a rasserenarci riguardo la sua innegabile presenza, ma quando si ricercano troppe risposte, in genere senza ottenerle, si finisce per dubitare e ottenere un effetto controproducente.

Bisogna riuscire a confidare che le cose si stanno già mettendo al meglio e che la Fonte di Benessere sta disponendo tutto il necessario per una meravigliosa esperienza.

La domanda che potrebbe sorgere spontanea potrebbe essere:

"Quindi non devo fare niente?"

Per il momento il *fare* riguarda il mantenersi in *allineamento vibrazionale* con l'essenza del desiderio e successivamente il *fare* sarà prendere *azioni ispirate* dopo che si é ricevuta appunto un'Ispirazione, ossia un impulso o un'idea dalla propria Parte di Luce Interiore.

Ciò che aiuta ad impostare l'orientamento al meglio é chiedersi il *Perché* si vuole quel particolare desiderio, qualunque esso sia, perché così é più facile rimanere in allineamento vibrazionale dato che conosciamo le risposte, sappiamo i motivi che ci portano a volere una data cosa e quindi ci troviamo in uno spazio conosciuto.

Ecco un esempio del *Gioco del Panorama Creativo*

Per avere la migliore delle esperienze, immaginando di essere una Mongolfiera che si prepara al decollo, per poi librarsi in volo e godere di uno splendido Panorama, andrai a compiere il gioco in due momenti:

Presupposti per il Volo - Volo Panoramico

Le due parti si collegano tra loro: una volta che hai portato a termine la parte riservata ai *Presupposti per il Volo*, potrai poi passare al *Volo Panoramico*.

Presupposti per il Volo

I *Presupposti per il Volo* sono come delle Preparazioni al Decollo.

Sono caratterizzati dal *Perché* vuoi quel tuo particolare desiderio che, come abbiamo visto poco fa, elimina ogni dubbio creato dai vari *chi, come e quando*, che rischiano di disorientarti e farti perdere forza non solo nell'alzarti in volo, ma anche nel mantenerti in quota, ossia rimanere nella vibrazione dell'essenza del desiderio.

Come altri giochi, le prime volte esegui questa fase attraverso la scrittura, poi con il tempo potrai anche fare l'esercizio mentalmente.

Scrivi su un foglio o un quaderno il desiderio sul quale vuoi concentrarti.

Ti faccio qualche esempio di diversi tipi di desideri, per capire il concetto sul quale muoverti, poiché si tratta sempre di attivare energia pura e positiva riguardo a quello che vuoi, per sviluppare un'attitudine piacevole quando ci pensi.

Puoi applicare questo esercizio a tutto quello che ti fa

piacere che entri nella tua vita.

Dunque, scrivi il soggetto o i soggetti a cui ti vuoi dedicare e poi le ragioni per cui lo vuoi. Scrivi di getto quello che ti viene, in maniera spontanea e se vedi che non ti arrivano le idee, puoi passare a trattare un altro soggetto che ti rimane più facile.
Ti faccio alcuni esempi di seguito.

Esempio:
Voglio vivere in una casa nel verde…

- *… perché mi piace il ritmo della natura.*
- *… perché mi voglio dedicare a coltivare degli ortaggi.*
- *… perché mi piace la sensazione di pace che si respira.*
- *… perché questo risponde a una mia esigenza interiore.*

Esempio:
Desidero cambiare lavoro…

- *… perché voglio avere più tempo per me.*
- *… perché ci sono altre cose che voglio sperimentare nella vita.*
- *… perché mi fa piacere scoprire altri lati di me.*
- *… perché il rinnovamento stimola il mio essere.*

Esempio:
Voglio viaggiare di più…

- *… perché mi piace scoprire nuove culture.*
- *… perché l'effetto del viaggio é rivitalizzante.*
- *… perché questo mi fa sempre felice.*
- *… perché sento che ogni volta imparo qualcosa.*

Volo Panoramico

Una volta scritti uno o più desideri, decidi di prenderne uno per poterlo espandere nella successiva fase del *Volo Panoramico*.

Prepara una selezione di musiche ispiranti, quindi mettiti comodo, rilassati, dai il via alla musica e prendi a rileggere lentamente il tuo desiderio e le ragioni per cui lo vuoi. Se vedi che ti arrivano delle nuove idee puoi anche aggiungerle.

Quindi chiudi gli occhi e inizia, come fossi una Mongolfiera, a sentirti librare in Volo e ripensando a quello che vuoi e perché lo vuoi, lasciati guidare dalla musica e dalle immagini che ti arrivano.

A questo punto hai già attivato in te le vibrazioni del tuo desiderio e puoi espandere le sensazioni che ne derivano, poiché per la Teoria dell'Incontro, la Legge dell'Attrazione ti porterà altri pensieri e vibrazioni equivalenti.

Coltiva e nutriti di queste sensazioni fino a quando lo desideri, anche se una volta che si inizia il Volo Panoramico non si vorrebbe più scendere dalla Visione che la nostra immaginazione adesso ci fa percepire in maniera così vivida.

Puoi continuare l'effetto dell'esercizio ampliando i concetti che ti sono cari, ad esempio:

"Mi sento davvero bene in questa casa nel verde, non mi sbagliavo nel mio desiderio; venire qua é stata una benedizione, é davvero quello che desideravo; mi sento un'altra persona e questo mi fa guardare alla vita con rinnovato amore; non ci sono parole per descrivere la calma che mi infonde questo luogo; non importa che faccia niente di particolare, poiché qui mi sento già felice così; pensare al futuro da questa posizione é qualcosa di sereno e piacevole; va davvero tutto bene."

DIALOGO FINALE

— Allora, come sta andando il tuo viaggio? —
— Sono sulla buona strada. —
— E come fai a dirlo? —
— Perché lo sento. —
— Cos'è che senti? —
— Mi sento bene. —
— Ma non sei ancora arrivato! —
— Si, e non arriverò mai…
i miei sono Viaggi Infiniti,
in una Sconfinata Esplorazione
dei Desideri e dell'Essere! —

INDICE

Indice

TITOLI DELLA RAINBOW LIGHT SCHOOL

Helen Star, Lorenzo Sbrinci. *Illumina la tua Vita.*
Entra nel Regno delle Infinite Possibilità.

Helen Star, Lorenzo Sbrinci. *Rainbow Light School.*
Educazione di Luce per una scuola creativa
ispirata dai Desideri del Cuore.

Helen Star. *Spirale delle Emozioni.*
Colora con Gioia la tua Vita.

Helen Star. *Dea Arcobaleno.*
Risveglia il tuo Potere dell'Anima.

Lorenzo Sbrinci. *Ispirazione.*
La Via Illuminata per far Volare i Desideri.

Lorenzo Sbrinci. *Viaggi Infiniti.*
La Sconfinata Esplorazione dei Desideri.

Lorenzo Sbrinci. *Viaggio nell'Anima. La Via da seguire.*

Lorenzo Sbrinci. *Verso Nuove Frontiere.*
L'Orizzonte si Espande.

Lorenzo Sbrinci. *Scintille dell'Anima.*
Racconti d'Ispirazione. Libri 1 e 2.

Helen Star e Lorenzo Sbrinci
sono i fondatori di Rainbow Light School,
Centro per l'Evoluzione dell'Essere e
Educazione all'Avanguardia.

www.cascatediluce.com

www.ingramcontent.com/pod-product-compliance
Lightning Source LLC
Chambersburg PA
CBHW040145160726
48006CB00014B/1625